Aufgabenintegrierte Büroinformationssysteme

Wirtschaftswissenschaftliche Beiträge

Olaf Jacob

Aufgabenintegrierte Büroinformations-systeme

Allgemeines Datenmodell und Probleme der Realisierung

Mit 34 Abbildungen

Physica-Verlag Heidelberg

Reihenherausgeber
Werner A. Müller

Autor
Dr. Olaf Jacob
Institut für Wirtschaftsinformatik
Hochschule St. Gallen
Dufourstraße 50
CH-9000 St. Gallen

ISBN-13: 978-3-7908-0430-0 e-ISBN-13: 978-3-642-46906-0
DOI: 10.1007/978-3-642-46906-0

CIP-Titelaufnahme der Deutschen Bibliothek

Jacob, Olaf:
Aufgabenorientierte Büroinformationssysteme: allgemeines Datenmodell und Probleme der Realisierung / Olaf Jacob. - Heidelberg: Physica-Verl., 1989
(Wirtschaftswissenschaftliche Beiträge; 12)
ISBN-13: 978-3-7908-0430-0
NE: GT

7120/7130-543210

Inhaltsverzeichnis

1. Einleitung

1.1. Problemstellung

Die seit Mitte der 70er Jahre zu beobachtende Tendenz zur Dezentralisierung betrieblicher Datenverarbeitung hat in Verbindung mit Textverarbeitung und Kommunikationstechnik zu einer Entwicklung geführt, in der das "Büro" bzw. "Büroarbeit" zum Gegenstand sowohl wissenschaftlicher Forschungen als auch praktischer Organisationsgestaltung geworden ist.

Im Mittelpunkt dieser Interessen steht die Entwicklung und Realisierung computergestützter "Büroinformationssysteme". Ziel des Einsatzes eines Büroinformationssystems ist eine wirtschaftliche und effiziente Erfüllung von Büroarbeit. Mängel und Nachteile von bislang zu einem Großteil manuell durchgeführter Büroarbeit sollen durch den Einsatz technischer Hilfsmittel überwunden werden.

Positive Nutzeffekte, die von einem computergestützten Büroinformationssystem ausgehen können, sind z.B.:

- Schaffung kreativer Freiräume für den Benutzer durch Übertragung von Routine-Tätigkeiten auf die Maschine (vgl. Picot/Reichwald, S. 58),

- Umgehung der mit einem hohen Grad an Arbeitsteilung verbundenen Spezialisierung; Ermöglichung neuer Formen der Arbeitszerlegung wie z.B. Job-Enrichment oder Job-Enlargement (vgl. Rauch, S. 22; Reichwald, S. 25),

- Geschwindigkeitserhöhung und Asynchronisierung inner- und zwischenbetrieblicher Kommunikationsvorgänge (vgl. Picot/Anders, 1, S. 183),

- Aufhebung von zeitintensiven und produktivitätsmindernden Unterbrechungen ("shadow functions"; vgl. Uhlig/Farber/Bair, S. 349) und von Medienbrüchen und -transformationen,

- Bewältigung der zunehmenden Papierflut durch elektronische Speicherung.

Die Diskussion um Büroinformationssysteme wird allzuoft von informationstechnischen Überlegungen beherrscht. Es besteht damit die Gefahr, Zielsetzungen und Funktionen eines Büroinformationssystems für eine Unternehmung nur aus der Perspektive der Informationstechnik heraus zu definieren. Die Entwicklung eines an der betrieblichen Aufgabenerfüllung orientierten Gesamtkonzeptes eines Büroinformationssystems, aus dem erst in einem Folgeschritt informationstechnische Lösungen abgeleitet werden, wird vor diesem Hintergrund vernachlässigt. Dabei kann nur über den Weg bedarfsbestimmter Konzepte der Einsatz der Technik unternehmungsindividuell begründet und gesteuert werden.

Um potentiellen Systemgestaltern Leitlinien zum Einsatz von Büroinformationssystemen zu geben, soll in dieser Arbeit versucht werden, Büroarbeit in ihren Zweckbezügen zu anderen informationsverarbeitenden Aufgaben zu stellen und aus dieser Interdependenz heraus ein allgemeines Beschreibungsmodell von Büroinformationssystemen zu entwickeln. Anhand dieses Modells kann ein unternehmungsindividuelles Gesamtkonzept eines Büroinformationssystems abgeleitet werden, das sowohl generelle Aussagen des allgemeinen Modells übernimmt als auch versucht, die Modellelemente auf die individuellen Bedürfnisse einer Unternehmung anzupassen.

1.2. Zielsetzung und Vorgehensweise

Büroinformationssysteme müssen ein integraler Bestandteil betrieblicher Informationsverarbeitung sein. Aus Gründen einer integrierten betrieblichen Daten- und Funktionsbasis sind die Leistungen eines Büroinformationssystems mit denen dedizierter Informationssysteme zu verbinden. Dieser Verbund ist im weiteren Sinne Gegenstand dieser Arbeit.

Mit der vorliegenden Arbeit wird versucht, einen Beitrag zur inhaltlichen Konkretisierung und Begriffsbestimmung dieser Integration von Büroinformationssystemen in das Umfeld anderer betrieblicher, informationsverarbeitender Aufgaben zu leisten. Das Ergebnis dieses Versuchs wird ein allgemeines Datenmodell eines

Büroinformationssystems sein. Die Entwicklung eines Datenmodells erfolgt vor dem Hintergrund einer immer größeren Bedeutung von Datenbanksystemen für die Verwaltung von Daten betrieblicher Informationssysteme.

Desweiteren besteht die Zielsetzung der Arbeit darin, die Unterstützungsleistung des entworfenen Modells für die Gestaltung eines unternehmungsindividuellen Büroinformationssystems aufzuzeigen. Anhand des Modells werden die Hauptgestaltungsaufgaben zum Aufbau und zur Integration von Büroinformationssystemen bestimmt.

Die Arbeit richtet sich sowohl an den Gestalter eines Büroinformationssystems in einer Organisation als auch an den Forschenden auf dem Gebiet der Betriebswirtschaftslehre und Wirtschaftsinformatik.

Dem Systemgestalter sollen mit der Arbeit Hilfestellungen für die konkrete Gestaltungsarbeit angeboten werden. Durch das Modell wird ein allgemeiner Bezugs- und Orientierungsrahmen über aufzubauende Datentypen und Funktionen eines Büroinformationssystems geschaffen, der zugleich an individuelle Bedürfnisse angepaßt werden kann.

Dem Forschenden wird mit dem Modell ein grundlegender Gesamtrahmen zum Themenkomplex Büroinformationssysteme vorgeschlagen. Dieser integriert und ordnet Einsatzvorstellungen über Büroinformationssysteme.

Die Arbeit besteht aus vier Themenschwerpunkten:

- Zunächst werden in Kap. 2 Grundlagen des Entwurfs eines Informationssystems im allgemeinen und eines Büroinformationssystems im besonderen erarbeitet. Aus der Definition des Büroinformationssystems und der Beschreibung seiner Systemelemente wird vor allem der Ansatz abgeleitet, der zum Entwurf des Büroinformationsmodells benötigt wird.

- Vor diesem Hintergrund wird in Kap. 3 das Datenmodell eines Büroinformationssystems entwickelt und beschrieben.

- Kap. 4 stellt danach die Aufgaben dar, die mit der Umsetzung und Nutzung des Modells auf eine konkrete Unternehmung verbunden sind. Dazu werden zunächst die Aufgaben dargestellt, die zur Individualisierung des generellen Modells erforderlich sind. Im Anschluß daran werden die Probleme analysiert, die bei der Anpassung und Übertragung des Modells auftreten.

- Kap. 5 faßt abschließend die wesentlichen Ausführungen der Arbeit in Form einer Checkliste zur Gestaltung von Büroinformationssystemen zusammen. Die Checkliste soll in Form von Fragen auf wesentliche Gestaltungsaspekte hinweisen.

2. Grundlagen

Dieses Kapitel führt in die Grundlagen ein, die zum Entwurf des Modells eines Büroinformationssystems benötigt werden. Dazu zählt zunächst die Abgrenzung der Begriffe Gestaltung und Modellierung eines Informationssystems (Kap. 2.1.). Im Anschluß daran wird der Modellansatz entwickelt (Kap. 2.2.), der insbesondere die Struktur und Beziehungen der Elemente des Modells festlegt.

2.1. Gestaltung und Modellierung computergestützter Informationssysteme

Ein betriebliches Informationssystem kann als ein Modell realer Phänomene betrachtet werden. Es bildet die mit der Vorbereitung und Durchführung des Sachziels einer Unternehmung erforderlichen Prozesse der Leistungserstellung ab, die sowohl innerhalb der Unternehmung als auch zwischen der Unternehmung und der Umwelt entstehen (vgl. Grochla, 2, S. 12f.; Hansen, S. 63). So zeichnet z.B. ein Informationssystem zur Verarbeitung von Lieferantenrechnungen die physischen Vorgänge des Bestellens, des Empfangs, der Bezahlung etc. von Waren anhand bestimmter Daten nach.

Der Modellcharakter betrieblicher Informationssysteme erzwingt, vor der Gestaltung eines (computergestützten) Informationssystems die Realität durch ein Modell abzubilden. Vor allem dann, wenn nur unvollständiges Wissen über ein Originalsystem existiert, kommt der Modellbildung die Aufgabe zu, zweckmäßige Beschreibungen erst zu entwickeln. In einem Modell äußern sich damit Hypothesen und Vorstellungen über ein Originalsystem.

Mit der Modellentwicklung und -nutzung verbindet sich das Ziel der Komplexitätsbewältigung. Der hohe Komplexitätsgrad sozialer Systeme soll auf ein einfaches, überschaubares und hinreichendes Maß reduziert werden. Zu diesem Zweck abstrahiert die Modellbildung von realen Sachverhalten, die entweder als unwichtig oder als komplexitätssteigernd erachtet werden.

Als Beispiel für den allgemeinen Modellcharakter von Informationssystemen kann das Absatzinformationssystem einer Unternehmung betrachtet werden. Es bildet über eine bestimmte Folge von Aggregationen und Verdichtungen realisierter Transaktionen komplexe Güter- und Geldströme im Absatzbereich einer Unternehmung ab. In der Art der Wiedergabe anfallender Daten spiegeln sich verschiedenartige Modellvorstellungen über die mit der Umwelt erfolgten Austauschbeziehungen wider. So wird z.B. die Dynamik der Beziehungen zur Umwelt vor allem dadurch deutlich, daß Absatzerfolge nicht nur durch rein statische Summengrößen, sondern zusätzlich durch periodenbezogene Erfolgsgrößen pro Debitor beschrieben werden.

Im folgenden soll unter einem Modell ein deskriptives Aussagesystem verstanden werden, in dem ein Original hinsichtlich der Systemelemente und ihrer Beziehungen abgebildet wird (vgl. Gillner, Sp. 250). Ein Modell kann sich gemäß dem benutzten Aussagesystem in einer abstrakt-symbolischen oder anschaulich-ikonischen Form darstellen (vgl. Grochla, 3, S. 23). Während abstrakt-symbolische Modelle das Original mit sprachlichen Zeichensystemen und syntaktischen Regeln wiedergeben (Bsp.: mathematische Gleichungssysteme), konstruieren anschaulich-ikonische Modellformen die Beschreibung durch die Bildhaftigkeit der Darstellung (Bsp.: Datenflußplan).

Nach der Konstruktion eines Modells bilden die entworfenen Modellvorstellungen die Leitlinie für die Realisierung eines unternehmungsindividuellen Informationssystems. Dazu werden die generell entwickelten Vorstellungen über das Original mit den betrieblichen Anforderungen konfrontiert und angepaßt sowie in individuelle Leistungen des Informationssystems umgesetzt.

Drei Stufen der Konstruktion eines Modells können unterschieden werden (vgl. Reisinger, S. 41 u. 56f.). Die Modellkonstruktion beginnt zunächst damit, den noch unerschlossenen Gegenstandsbereich durch die Isolierung von Systemelementen zu bestimmen. Damit wird grob der Realitätsausschnitt abgegrenzt, der in einem Modell abgebildet werden soll (Phase der "Taxonomik").

Nach der Identifikation von Systemelementen wird in einem zweiten Schritt die Struktur des betrachteten Systems untersucht (Phase der "Strukturalistik"). Diese Aufgabe bezweckt, komplexe Sachverhalte dadurch in ihre Strukturen aufzulösen, daß Vorstellungen einerseits über Merkmale der Systemelemente und andererseits über die Beziehungen zwischen den erkannten Systemelementen entwickelt werden. Ergebnis dieser Phase ist ein "Strukturkonzept eines Modells" (Schmidt, B., S. 37). Dieses ordnet und gliedert die komplexen Ausgangsdaten, indem es ihnen eine Bedeutung zuweist.

Die abschließende Phase der Modellkonstruktion überführt das Strukturkonzept in ein formales Zeichensystem (Phase der "Formalisierung"). Das Modell wird durch eine formale Sprache beschrieben. Dadurch erfolgt "die theoretische oder praktische Erschließung eines Gegenstandsbereiches ... über den Gebrauch formalisierter bzw. schematisierter Aussagen ... aus einem theoretisch bzw. praktisch bereits erschlossenen Gegenstandsbereich" (Luft, S. 191).

2.2. Ansatz zum Entwurf eines Modells eines Büroinformationssystems

Kapitel 2.2. entwickelt im folgenden die grundlegenden Vorstellungen, die als Basis des in Kap. 3 darzustellenden Modells anzusehen sind. Dazu geben die bisherigen Ausführungen zur Modellkonstruktion den Rahmen vor:

- Zunächst werden die einzelnen Elemente eines Büroinformationssystems definiert (Kap. 2.2.1.) und deren Merkmale analysiert (Kap. 2.2.2.).

- Im Anschluß daran werden mögliche Beziehungen zwischen den beiden Systemelementen untersucht, die als Basis des zu entwickelnden Modells betrachtet werden können (Kap. 2.2.3.).

- Das Kapitel schließt mit der Darstellung der Sprache ab, mit deren Hilfe das Modell in Kap. 3 beschrieben wird (Kap. 2.2.4.).

2.2.1. Elemente eines Büroinformationssystems

Ein computergestütztes Informationssystem kann allgemein als ein sozio-technisches System betrachtet werden, das sich aus Beziehungen zwischen den Elementen Daten, Methoden, Menschen und Maschinen zusammensetzt (vgl. Meffert, S. 27). Vor diesem Hintergrund werden folgende Elemente eines computergestützten Büroinformationssystems bestimmt:

- Büroinformationen,

- Büroarbeit,

- Menschen und

- Informationstechnik.

2.2.2. Merkmale der Elemente eines Büroinformationssystems

2.2.2.1. Büroinformationen

Gegenstand von Büroarbeit sind Informationen. Sie stellen das Arbeitsobjekt des Büroinformationssystems dar.

In einer pragmatischen Begriffsauslegung entsteht Information erst dadurch, daß ein Mensch einem bestimmten Zeichen nicht nur eine Bedeutung, sondern auch eine Zweckorientierung zuordnen kann. In diesem Sinne ist die Benutzung des Begriffes Information an menschliches Verhalten gebunden. Information ist demgemäß subjektives, an eine gewisse Person gebundenes Wissen um Sachverhalte (vgl. Szyperski, 2, Sp. 904), das im Verlaufe der Aufgabenerfüllung Gegenstand von Büroarbeit wird.

Da eine Information als ein subjektives "Denkabbild" eines Sachverhaltes interpretiert werden kann (Wild, S. 317), muß die Information zwecks Übermittlung an andere Personen oder zur Speicherung auf eine physisch faßbare Form abgebildet werden. Informationen werden dazu in einer Nachricht abgelegt (vgl. Berthel, S. 29). Die Nachrichten repräsentieren Informationen in semantischem Sinne. Sie stellen "potentielle Informationen" (Hauke, S. 51) dar, die zu einem späteren Zeitpunkt zur Wissensvermehrung herangezogen werden können.

Diesen Begriffsabgrenzungen zufolge haben viele Vorgänge der Informationsgewinnung, -übermittlung, -speicherung und -verarbeitung im engeren Sinne Nachrichten zum Gegenstand (vgl. Berthel, S. 31). Trotz dieser begrifflichen Differenzierung wird im folgenden allgemein der Begriff Information verwendet.

Informationen werden von Menschen über die Sinnesorgane wahrgenommen. Danach können visuelle oder akustische Informationen unterschieden werden, wobei visuell aufgenommene Informationen durch Schriftzeichen oder graphisch darstellbar sind (vgl. Widdel, S. 15). Über Schriftzeichen vermittelte Informationen lassen sich in formatierte (numerische) und unformatierte (textliche) Informationen unterteilen (vgl. Hansen, S. 104).

Damit sind numerische, textliche, graphische und verbale Informationen als Gegenstand der Büroarbeit festzuhalten. Neben den durch die traditionelle Datenverarbeitung unterstützten numerischen Informationen wird das Büroinformationssystem von einer Vielzahl unstrukturierter, textlicher Informationen geprägt.

Der Vorteil textlicher Informationen liegt darin, selbsterklärend in dem Sinne zu sein, daß die Bedeutung einer Information aus der Form der Darstellung durch Text ersichtlich ist (im Gegensatz zu numerischen Informationen). Zudem fügen sich durch Text (als auch durch Sprache) vermittelte Sachverhalte in einen für den Menschen natürlichen Handlungs- und Sprachkontext. Damit ist die textliche Darstellungsweise in der Lage, für den Menschen qualitative und erklärungsbedürftige Sachverhalte in einer gewohnten Weise zu beschreiben. Die Verwendung spezieller Codes zur Bedeutungskennzeichnung einer Information durch einen Menschen wird dadurch überflüssig.

Es ist für Büroarbeit bezeichnend, daß die erwähnten Informationsformen nicht nur als eigenständige Einheiten bearbeitet werden, sondern zumeist als Mischformen innerhalb einer logischen Gesamtheit auftreten. Beispiel einer derartigen Mischform ist ein Brief, der aus

- numerischen Informationen (Datum, Telefonnummer, Rechnungsnummer, -posten, -betrag etc.),
- textlichen Informationen (Adresse, Anrede, Betreffreferenz, Mahntext etc.) und
- graphischen Informationen (Firmenlogo, Übersichtsdiagramme etc.)

besteht.

2.2.2.2. Büroarbeit

Die folgenden Ausführungen zur Charakterisierung von Büroarbeit gliedern sich in zwei Teile auf:

a) eine begriffliche Fixierung (Kap. 2.2.2.2.1.) und

b) eine daraus resultierende funktionale Beschreibung der Büroarbeit (Kap. 2.2.2.2.2.).

2.2.2.2.1. Begriffsverwendung

Im folgenden wird die Verwendung des Begriffs Büroarbeit beschrieben. Das Ziel des Kapitels ist es, ein gedankliches Konzept für Büroarbeit zu entwerfen, aufgrund dessen sich Büroarbeit einerseits von anderen informationsverarbeitenden Prozessen abgrenzen als auch andererseits mit ihnen verbinden läßt.

Zunächst ist Büroarbeit als eine informationelle Tätigkeit zu kennzeichnen. Büroarbeit bedeutet den Umgang mit Informationen als Abstraktionen realen Geschehens (vgl. Rosenkranz, Sp. 392; Gaugler et al., S. 20). Durch diese Abgrenzung tritt Büroarbeit in Gegensatz zu denjenigen Aufgaben, die handwerklicher Natur sind. Bei diesen werden statt Informationen Werkstoffe be- und verarbeitet.

Vorgänge der Informationsverarbeitung im allgemeinen und der Büroarbeit im speziellen werden durchgeführt, um betriebliche Entscheidungen zum Zwecke der Unternehmungsführung vorzubereiten und getroffene Entscheidungen zur Ausführung zu bringen. Der unterstützte Entscheidungsprozeß läßt sich auf folgende Hauptphasen zurückführen (vgl. u.a. Heinen, S. 46; Simon, S. 41; Spargue, S. 12; Ulrich, S. 15):

- Anregungsphase (Problemidentifikation),

- Suchphase (Entwicklung von Alternativen zur Lösung des Problems),

- Auswahlphase (Wahl einer bestimmten Alternative) und

- Durchführungsphase (und Kontrollphase).

Der Objektbereich einer Entscheidung, die Erfüllung einer informationsverarbeitenden Aufgabe, kann dabei unterschiedlich gekennzeichnet werden. Der Versuch, informationsverarbeitende Aufgaben zu bestimmen, führt in der Literatur zu unterschiedlichen Ergebnissen. Diese reichen

- von der Kennzeichnung einer Aufgabe durch Zwecksetzungen wie Nachfragen, Bitten, Vorschlagen, Mitteilen, Informieren, Koordinieren, Überzeugen, Diskutieren, Entscheiden etc. (vgl. Conrath, S. 205) oder Planen, Organisieren, Entwickeln, Gestalten, Disponieren, Improvisieren, Informieren und Verhandeln (vgl. Böhrs, S. 15) bis

- zu einer Klassifikation der Aufgaben in die vier Aufgabentypen der Führungs-,

Fach-, Sachbearbeitungs- und Unterstützungsaufgaben (vgl. Szyperski et al., S. 17f.).

Hinsichtlich des zeitlichen Horizonts, auf den eine Entscheidung abzielt, kann zwischen administrativen, dispositiven und planerischen Aufgaben bzw. Entscheidungen differenziert werden (vgl. Mertens, S. 7ff.; Griese, S. 97).

Jeder dieser drei Entscheidungstypen durchläuft nun unterschiedliche Phasen des erwähnten Entscheidungsprozesses. Während administrative Entscheidungen zuvor getroffene Regelungen nur noch ausführen, umfassen dispositive Entscheidungen bis auf die Anregungsphase alle Entscheidungsphasen. Planerische Entscheidungen durchlaufen alle genannten Entscheidungsphasen von der Anregung bis zur Durchführung.

Den drei Entscheidungstypen ist gemein, daß sie sich aus ausführenden Informationsverarbeitungsprozessen zusammensetzen. Die Grundmenge derjenigen ausführenden Informationsverarbeitungsprozesse, auf die jeder betriebliche Entscheidungsvorgang zurückgreift, soll im folgenden als Büroarbeit bezeichnet werden.

Damit grenzt sich Büroarbeit von Spezialwerkzeugen ab, die vornehmlich die Informationsverarbeitung in anderen Entscheidungsphasen übernehmen. Diese Spezialwerkzeuge zur Unterstützung planerischer oder dispositiver Entscheidungen (wie z.B. Management-Informationssysteme) sind nicht Gegenstand dieser Arbeit.

Da Büroarbeit als ausführendes Informationssystem gekennzeichnet wurde, gilt es, dieses von einem anderen Typ eines ausführenden betrieblichen Informationssystems, dem Transaktionssystem, abzugrenzen.

Transaktionssysteme werden in Unternehmungen eingesetzt, um das Aufkommen an numerischen Massendaten anhand eines eindeutig formalisierten Algorithmus zu bewältigen. Der Algorithmus läuft dabei computergestützt ohne menschliche

2.2.2.2.1./1. Abgrenzung des Begriffs Büroarbeit

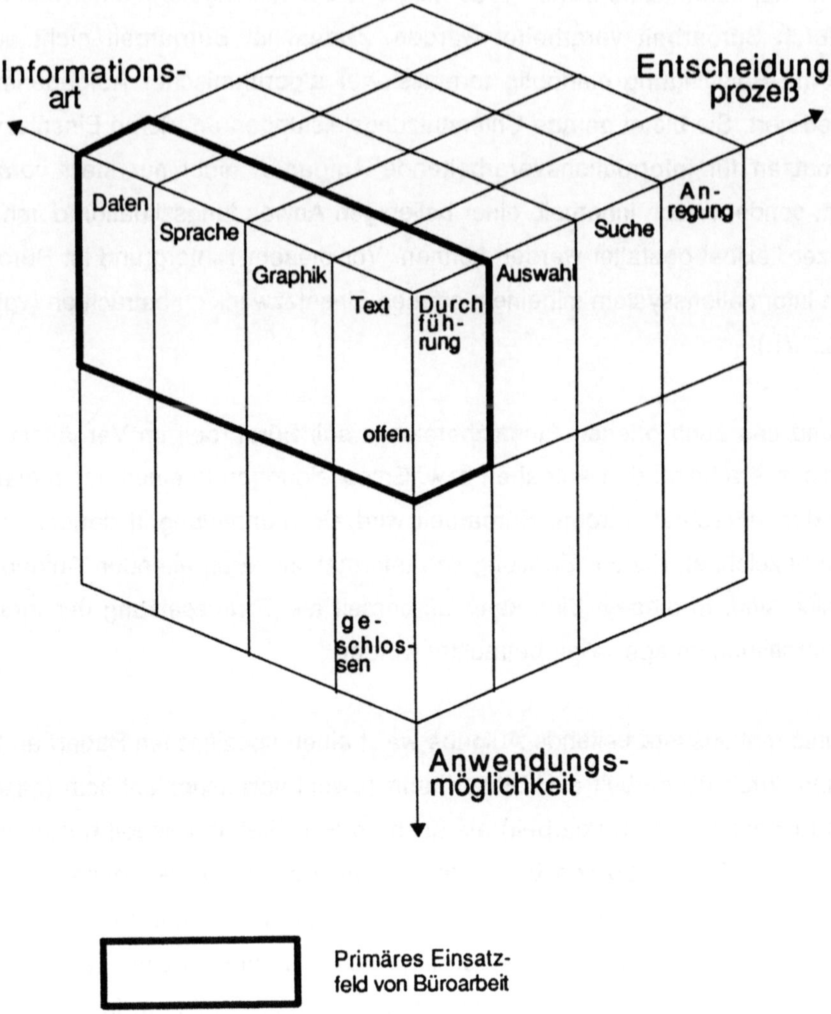

Interaktion ab (vgl. Ellis/Nutt, S. 29). Inhalt der Algorithmen bilden rechenintensive Informationsverarbeitungsaufgaben (vgl. Rauch, S. 35), die standardisierte betriebliche Vorgänge aufzeichnen.

Im Gegensatz dazu beschränkt sich die Informationsverarbeitung durch Büroarbeit nicht nur auf numerische Daten. Jede mögliche Darstellungsform einer Information soll durch Büroarbeit verarbeitet werden. Zudem ist Büroarbeit nicht auf die autonome Bewältigung eindeutig formalisierter algorithmischer Aufgabenstellungen dediziert. Sie bietet gerade Unterstützungsleistungen an, deren Einsatzzwecke und -nutzen für informationsverarbeitende Aufgaben nicht nur starr vorausbestimmt, sondern auch innerhalb einer beliebigen Anwendungssituation durch einen Benutzer flexibel gestaltet werden können. Vor diesem Hintergrund ist Büroarbeit als ein Informationssystem mit einem offenen Einsatzzweck zu betrachten (vgl. Abb. 2.2.2.2.1./1.).

Aufgrund des auch offenen Einsatzbereiches soll Büroarbeit im Verhältnis zu informationsverarbeitenden Aufgaben bzw. Entscheidungen in einem instrumentalen Charakter betrachtet werden. Büroarbeit wird als Sammelbegriff derjenigen Aktivitäten bezeichnet, die zur Erfüllung von informationsverarbeitenden Aufgaben erforderlich sind. In diesem Sinn kann Büroarbeit als Voraussetzung der Informationsverarbeitung im speziellen betrachtet werden.

Jede informationsverarbeitende Aufgabe weist einen spezifischen Bedarf an Unterstützung durch Büroarbeit auf. Dieser kann sowohl vorausgeplant sein (geschlossenes Einsatzfeld der Büroarbeit) als auch im Einzelfall individuell bestimmt werden (offenes Einsatzfeld von Büroarbeit). Jede Aufgabe basiert dabei auf einem Arbeitsablauf, der von einem beliebigen Anstoß über die Informationssuche und -erstellung bis hin zur Weitergabe der Information reichen kann. Jeder Bürobeschäftigte nimmt zur Aufgabenerfüllung Informationen entgegen, legt sie ab, verwendet sie später weiter, überarbeitet sie oder erstellt daraus neue Informationen und leitet Informationen schließlich weiter. Diese Prozesse werden durch Büroarbeit unterstützt. Büroarbeit bietet dazu Basisdienste der Informationsverarbeitung an,

- die von unterschiedlichen informationsverarbeitenden Aufgaben benutzt werden und

- die die Informationsverarbeitung in speziellen Entscheidungsphasen untereinander verbinden (vgl. die folgende Abbildung).

2.2.2.2.1./2. Integration durch Büroarbeit als Basisdienst der Informationsverarbeitung

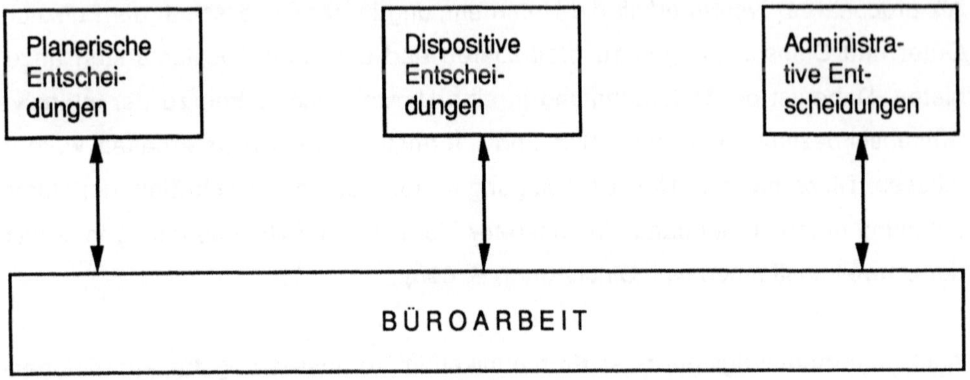

Büroarbeit integriert Spezialanwendungen der Informationsverarbeitung, indem sie übergreifende und verbindende Hilfsmittel des aktuellen und zukünftigen Umgangs mit Informationen auch durch unterschiedliche Entscheidungsprozesse anbietet. Zu diesem Zweck führt sie die intertemporale und interpersonelle Kommunizierbarkeit von Entscheidungsergebnissen herbei.

2.2.2.2.2. Funktionen der Büroarbeit

Das vorangegangene Kapitel beschrieb Büroarbeit hinsichtlich ihrer grundlegenden Bedeutung für informationsverarbeitende Aufgaben. Aus dieser Begriffsverwendung soll nun im Sinne eines Resümees Büroarbeit durch folgende Funktionen definiert werden:

(1) Kommunikation

Kommunikation mit unternehmungsinternen und unternehmungsexternen Kommunikationspartnern ist ein konstitutives Element von Büroarbeit.

Als produktives System erfüllt die Unternehmung in der Gesellschaft die Funktion, Güter und Dienstleistungen zu produzieren und auf ihren Absatzmärkten anzubieten. Dabei ist die Unternehmung in eine Umwelt eingebettet, zu der intensive Austauschbeziehungen materieller und informatorischer Art unterhalten werden müssen. Diese nehmen Umweltbedingungen auf, aus denen sich Ziele der Unternehmung ergeben, die dann ein konkretes Verhalten der Unternehmung innerhalb der Umwelt bestimmen (vgl. Ulrich/Krieg, S. 69f.).

Auch unternehmungsintern ist Kommunikation Voraussetzung für ein zielorientiertes Handeln der Aufgabenträger. Allgemein benötigt der einzelne Aufgabenträger Informationen, die ihn befähigen, eine zu erfüllende Aufgabe auszuführen. Vor allem der durch die organisationsinterne Arbeitsteilung verursachte Koordinationsbedarf verlangt einen Austausch von Informationen zwischen den Aufgabenträgern (vgl. Picot, S. 2). Auch die Tatsache, daß sich Büroarbeit häufig als Gruppenarbeit organisiert, erfordert einen Austausch von Informationen zwischen den Gruppenmitgliedern, die dadurch an einer gemeinsamen Leistung kooperieren.

Der Transport der Informationen zwischen den Arbeitsprozessen der Aufgabenträger geschieht durch einen geregelten oder fallweisen innerbetrieblichen Nachrichtenaustausch. Die Nachrichtenvorgänge beinhalten dabei zum einen direkte Arbeitsanweisungen an nachgelagerte Stellen als auch den physischen Transport von Dokumenten im Sinne von Arbeitsobjekten.

Kommunikationsvorgänge überbrücken somit die räumliche Distanz einerseits zwischen innerbetrieblichen, andererseits zwischen innerbetrieblichen und außerbetrieblichen Aufgabenträgern bzw. Kommunikationspartnern.

(2) Dokumentenerstellung

Unter diesen Punkt wird das Erstellen, Verändern und Vervielfältigen von Informationen zusammengefaßt. Der primäre Zweck dieser Tätigkeit besteht in dem inhaltlichen Fixieren von Informationen in logischen oder physischen Informationsträgern. Der Begriff "Dokument" steht dabei stellvertretend für die Menge möglicher Informationsträger.

Die Funktion Dokumentenerstellung ist Voraussetzung für die Kommunikation von Informationen, da dem Übermittlungsprozeß der Erstellungsvorgang vorausgehen muß. Damit gibt die Dokumentenerstellung Informationen eine zeitliche Existenz (vgl. Szyperski, 1, S. 99).

Im Mittelpunkt der Dokumentenerstellung stehen Leistungen der Textbe- und -verarbeitung, da die Mehrzahl der Bürotätigkeiten vorbereitend oder durchführend mit der Textproduktion verbunden ist. Neben der Möglichkeit, standardisierte Dokumente unverändert in beliebiger Häufigkeit reproduzieren zu können (anhand von Bausteinen), zielen die Leistungen auch auf die Unterstützung individueller Erstellungsprozesse ab. Diese reichen von dem Verfassen einfacher Notizen oder Mitteilungen über Geschäftskorrespondenz bis hin zur Anfertigung von Berichten und Verträgen.

(3) Informationsverwaltung

Die zeitliche Existenz einer Information ermöglicht die Speicherung und Verwaltung der Information.

Nicht nur räumliche, sondern auch zeitliche Distanz muß zur Aufgabenerfüllung überbrückt werden. Denn zur Aufgabenerfüllung ist nicht nur aktuelles, zu einem bestimmten Zeitpunkt für einen Aufgabenträger verfügbares Wissen erforderlich. Es ist dazu vor allem auch potentielles Wissen notwendig, das sich zu einem bestimmten Zeitpunkt der Kenntnis eines Aufgabenträgers entzieht. Deshalb muß es für einen Aufgabenträger jederzeit möglich sein,

- Informationen, die früher erzeugt wurden und deren Existenz, nicht aber deren Inhalt, bekannt ist, als auch

- Informationen zu bestimmten Problemen der Aufgabenerfüllung, deren Existenz angenommen wird,

zu suchen.

Diese "Gedächtnis"-Funktion (Erbach, S. 76; Appel/Rühling, S. 80) der Büroarbeit umfaßt das Ablegen, gezielte Wiederauffinden und Suchen von Informationen. Es werden vor allem folgende Arten der Informationsverwaltung unterschieden: die Dokumentenverwaltung und die Verwaltung von Adressen, die Voraussetzung für die Funktion der Kommunikation ist.

Abbildung 2.2.2.2.2./1. faßt die bisherigen Ausführungen über Funktionen der Büroarbeit zusammen.

(4) Arbeitsplanung

Unter Arbeitsplanung werden diejenigen Hilfsmittel zusammengefaßt, mit denen

2.2.2.2.2./1. Funktionen der Büroarbeit

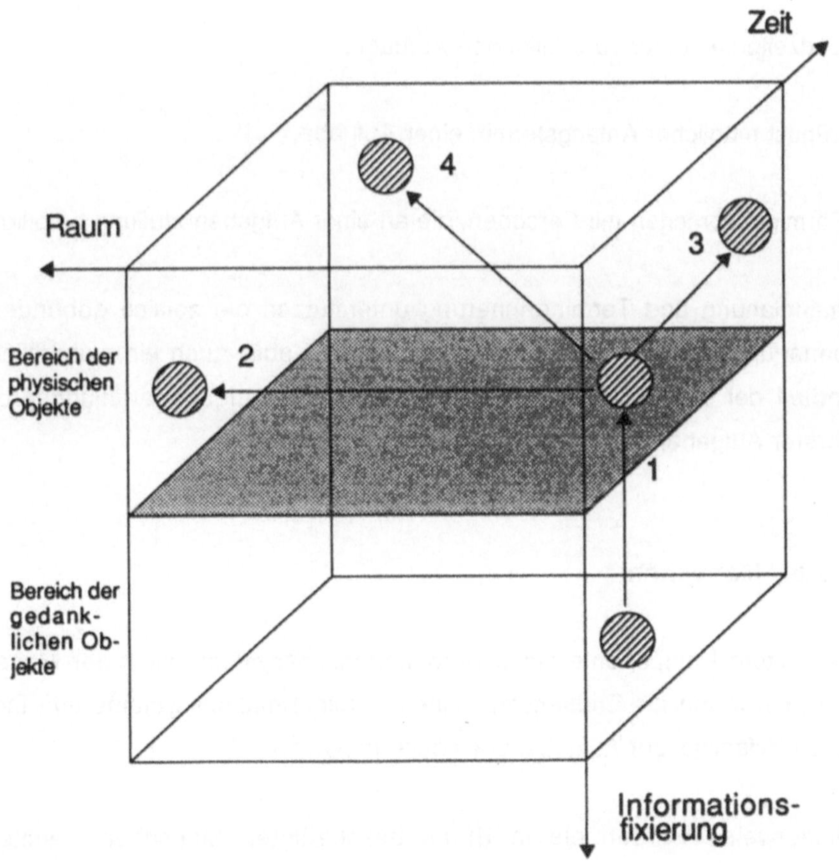

Wissensgegenstand

1 Informations- bzw. Dokumentenerstellung
2 Kommunikation
3 Informations- bzw. Dokumentenspeicherung
4 Speicherung und Kommunikation (z.B. aynchrone Kommunikation)

ein Aufgabenträger seine Aufgabenerfüllung in zeitlicher Hinsicht gestalten kann.

An Zeit gebundene Aspekte, die die Aufgabenerfüllung bestimmen, sind z.B.

- Endzeitpunkt einer zu erfüllenden Aufgabe,
- frühest möglicher Anfangstermin einer Aufgabe,
- Terminabsprachen mit Personen, die an einer Aufgabenerfüllung beteiligt sind.

Terminplanung und Terminerinnerung unterstützen die zeitlich gebundene Aufgabenerfüllung eines Aufgabenträgers. Sie sind aber auch ein wesentlicher Bestandteil der Koordination und Kooperation von Aufgabenerfüllungsprozessen mehrerer Aufgabenträger.

2.2.2.3. Menschen

Eine weitere Komponente eines Büroinformationssystems stellt der Mensch dar. Menschen treten als Endbenutzer eines Büroinformationssystems auf, indem sie dessen Hilfsmittel zur Aufgabenerledigung benutzen.

Üblicherweise werden die in Büros beschäftigten Menschen ("white-collar-workers") anhand von Arbeitsplatztypologien in verschiedene Gruppen eingeteilt. Einer gängigen Unterteilung zufolge sind die Gruppen der Führungskräfte, Fachkräfte, Sachbearbeiter und Sekretärinnen bzw. Schreibkräfte zu unterscheiden (vgl. Szyperski et al., S. 17f.).

Führungskräfte üben leitende Funktionen aus. Neben planenden und koordinierenden Aufgaben besteht ein Hauptteil ihrer Tätigkeit in der Wahrnehmung repräsentativer Pflichten. Führungskräfte weisen daher einen hohen Anteil geplanter und ungeplanter kommunikativer Tätigkeiten auf. Fachkräfte führen ihrerseits unter Einbezug von Fachwissen komplexe, i.d.R. nicht routineartige Tätigkeiten aus.

Sachbearbeiter üben standardisierte, kaum innovative Tätigkeiten aus. Sekretärinnen und Schreibkräfte helfen den erwähnten anderen Personengruppen, indem sie dort ausgegliederte, zumeist repetitive Informationsverarbeitungsprozesse, übernehmen.

Diese Differenzierung verdeutlicht, daß es spezielle Gruppen von Bürobeschäftigten gibt, die aufgrund ihrer spezifischen Aufgabenerfüllung unterschiedliche Anforderungen an ein Büroinformationssystem stellen können. Es wird allerdings davon ausgegangen, daß alle Bürobeschäftigten einen gemeinsamen Grundvorrat an Bürofunktionen für die Aufgabenerfüllung benötigen und benutzen.

Bezeichnend für Büroarbeit ist es, daß die zur Aufgabenerfüllung notwendigen Schritte und die dabei einzusetzenden Hilfsmittel zu einem Großteil von den Aufgabenträgern selbst bestimmt werden können. Dies liegt vor allem darin begründet, daß eine Aufgabe oft auf verschiedenen Wegen erfüllt werden kann. Daneben sind vielfältige Aufgaben zu unterscheiden, die nach einer nur kurzen Einweisungszeit von einem Mitarbeiter in eigenverantwortlicher Leistung erbracht werden müssen (vgl. Bracchi/Pernici, 2, S. 154). Im Rahmen einer Aufgabenerledigung, die zudem noch relativ unstrukturiert vorgegeben ist, ist der Aufgabenträger auch zumeist in der Wahl seiner Hilfsmittel, die ihm durch das Büroinformationssystem angeboten werden, entscheidungsfrei.

Nicht nur hinsichtlich der einzusetzenden Hilfsmittel besteht ein großes Maß an Selbständigkeit seitens des Benutzers. Eine Entscheidungsfreiheit ist ferner bei solchen Situationen gegeben, in denen ein Mitarbeiter mehrere Aufgaben zur Erfüllung vorfindet, aus denen er sich aufgrund bestimmter (z.B. zeitlicher) Faktoren eine Aufgabe auswählt. Selbständigkeit und Freiheit in der Aufgabenerfüllung sind möglich und notwendig, wenn z.B. Ausnahmefälle und Besonderheiten beachtet werden müssen oder Aufgabenbereiche von Aufgabenträgern erweitert werden. Diese Beispiele verdeutlichen insgesamt die Bedeutung, die dem Menschen als einem aktiven Element bei der Benutzung eines Büroinformationssystems zukommt.

Mit der Einbeziehung des Menschen als Teil des Büroinformationssystems erwachsen Annahmen über Eigenschaften, Bedürfnisse, Erwartungen, Motive und Einstellungen des Menschen, die während Systemgestaltung und Systemnutzung beachtet werden müssen. Insgesamt gilt es, das Nutzungsverhalten des Menschen in Abhängigkeit von der jeweiligen Persönlichkeitsstruktur zu betrachten.

Von einem einheitlichen Typ eines Benutzers kann nicht ausgegangen werden. Dies legt schon die begriffliche Differenzierung in die erwähnten vier Benutzertypen nahe. In der Unterteilung sind bereits Anzeichen persönlichkeitsbestimmter Verhaltensweisen zu erkennen, z.B. bei der das persönliche Gespräch suchenden und Informationstechnik tendentiell ablehnenden Führungskraft oder in Form des analytisch und modellorientiert denkenden, die Technik eigeninitiativ und experimentierend für Fachaufgaben einsetzenden Spezialisten.

Zukünftig wird jeder Bürobeschäftigte - auch derjenige ohne eingehendes informationstechnisches Spezialwissen - mit der Nutzung computergestützter Büroinformationssysteme konfrontiert sein. Die Bedeutung persönlichkeitsbezogener Faktoren der Techniknutzung erzwingt daher, verstärkt Problemen der Gestaltung der Benutzerschnittstelle Beachtung zu schenken. Neueste Entwicklungen der Informationstechnik, vor allem im Bereich der Informationsein- und -ausgabe (wie z.B. "Maustechnik", Windowing, Natürlichsprachlichkeit der Ein- und Ausgabe), verdeutlichen diesen Trend.

Das Ziel eines Büroinformationssystemeinsatzes, bei eigeninitiativem Benutzerverhalten Werkzeuge zur Informationsverarbeitung bereitzustellen, wird nur dann erreicht, wenn durch softwareergonomische Gestaltungsarbeit der Wechsel von manuellem zu technikgebundenem Arbeiten für den Benutzer transparent und nachvollziehbar wird.

Auf weitere diesbezügliche Probleme der Gestaltung der Mensch-Maschine-Schnittstelle wird in Kap. 4.3.4.2. eingegangen.

2.2.2.4. Informationstechnik

Unter Informationstechnik soll im folgenden die Gesamtheit aller Hard- und Softwarekomponenten verstanden werden, mit denen ein Büroinformationssystem realisiert werden kann. Für den Einsatz der Informationstechnik ergeben sich zwei allgemeine Zielsetzungen:

- bedarfsgerechte, d.h. auf die Bedürfnisse eines Bürobeschäftigten abgestimmte und arbeitsplatzorientierte Unterstützung und

- informationstechnischer Verbund der Arbeitsplätze innerhalb einer Unternehmung mit der Möglichkeit zur externen Kommunikation.

Das Ziel, einen Mitarbeiter informationstechnisch zu unterstützen, wird aufgrund des zunehmenden Kostenverfalls der Hardware durch vermehrt arbeitsplatznahe Lösungen zu erreichen versucht. Im Mittelpunkt dieser Bemühungen steht ein persönlicher Arbeitsplatzrechner eines jeden Bürobeschäftigten.

Der Arbeitsplatzrechner (bzw. Mikro- oder Personalcomputer) ist keine Konkurrenz, sondern notwendige Ergänzung der zentralen Datenverarbeitung. Neben dem Abbau von Kapazitätsspitzen eines Großrechners bietet er die Möglichkeit, Benutzer individuell zu unterstützen. Damit spielt vor allem die Fähigkeit eines Benutzers, eigenständig ad-hoc-Lösungen auch ohne zentrales Know-How mit der Hilfe des Arbeitsplatzrechners zu entwickeln, einen bedeutenden Einsatzgrund (vgl. Scheer et al., S. 11).

Zum jetzigen Zeitpunkt kommen Mikrocomputersysteme in der folgenden Konfiguration zum Einsatz: 16-oder 32-Bit Mikroprozessor, Arbeitsspeicher mit mind. 640 KB und größer, 80x24-Zeichen-Monitor (zumeist mit Graphikfähigkeit), je eine Drucker- und Kommunikationsschnittstelle (parallel und seriell), 1 Disketten- und ein Festplattenlaufwerk mit mind. 20 MB Speicherkapazität, diverse Peripheriegeräte wie Matrix-, Laser- oder Typenraddrucker und Maus.

Zwecks eines kommunikationstechnischen Verbundes ist es erforderlich, die dezentralen Arbeitsplatzsysteme innerhalb einer Unternehmung zu vernetzen. Damit werden folgende Ergebnisse erzielt (vgl. auch die nachfolgende Abbildung):

- auf elektronischem Wege können Informationen zwischen den einzelnen Arbeitsplatzrechnern ausgetauscht werden (z.B. Dokumente), um die aufgabenbestimmten Informationsbeziehungen zwischen Stellen zu unterstützen,

- von einem Arbeitsplatz aus wird der Zugriff auf Großrechner (Mainframes) möglich sein, um spezielle rechen- und datenintensive Dienstleistungen (z.B. statistische Auswertungen) benutzen zu können,

- gemeinschaftliche Ressourcen, wie z.B. Drucker (Print-Server) oder Informationsablagen (File-Server) stehen einem größeren Benutzerkreis zur Verfügung,

- von einem Arbeitsplatz aus kann der Kontakt zu externen Kommunikationspartnern über öffentliche Telekommunikationsdienste/-netze hergestellt werden.

- Öffentliche Telekommunikationsdienste/-netze

Für die unternehmungsexterne Kommunikation stehen öffentliche, von den nationalen Postverwaltungen angebotene Möglichkeiten zur Verfügung. Neben Telekommunikationsnetzen umfaßt das Angebot auch Telekommunikationsdienste. Dabei werden neben dem bekannten Telefondienst Text- und Festbildsysteme wie Telex, Teletex, Telefax oder Bildschirmtext angeboten. Wesentliche Neuerungen im Leistungsangebot stellen audio-visuelle Konferenzdienste dar. Zum Leistungsspektrum öffentlicher Telekommunikationsdienste vgl. z.B. Fellbaum; Picot/Anders, 1 und 2; Schenke.

Die Entwicklungen auf dem Gebiet öffentlicher Telekommunikationsnetze konzentrieren sich derzeit auf die Realisierung des digitalen dienstintegrierenden Netzes ISDN (Integrated Services Digital Network). Durch das ISDN sollen die bereits ver-

2.2.2.4./1. Verbund von Arbeitsplatzrechnern

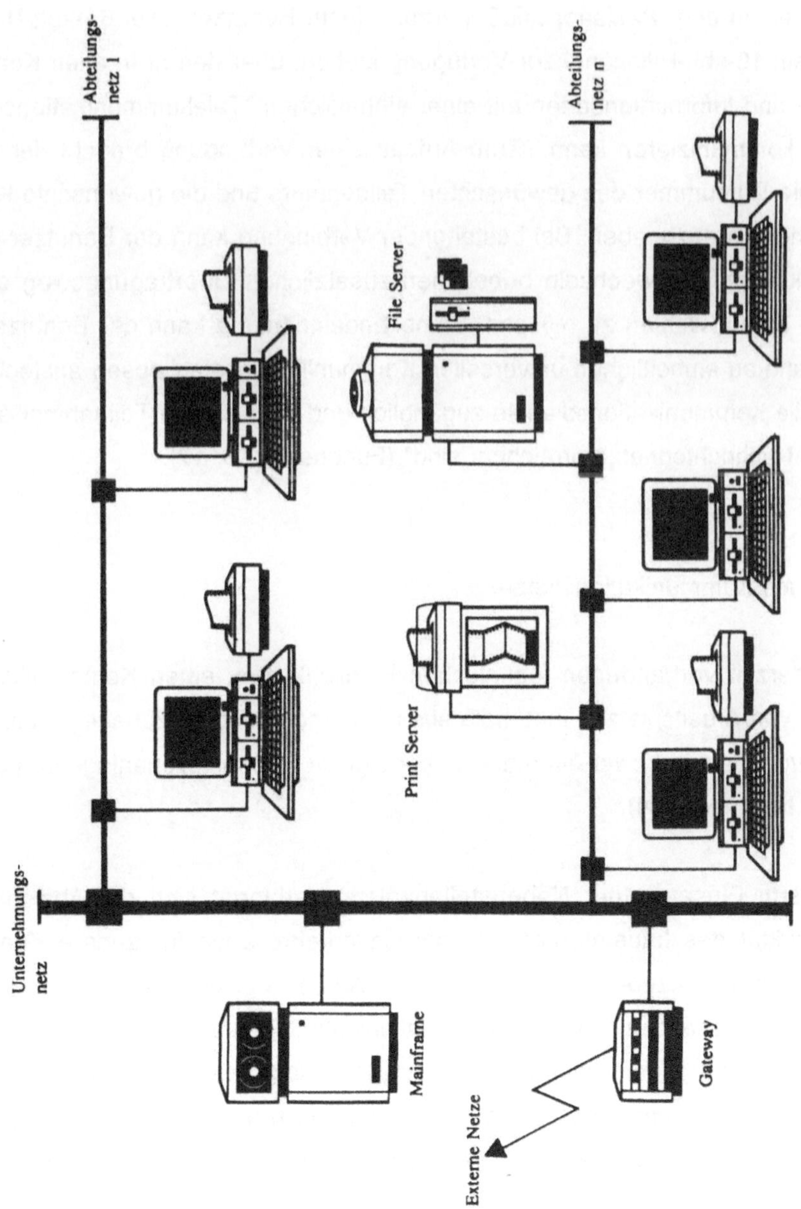

fügbaren anwendungsspezifischen Netzwerke abgelöst und zu einem einheitlichen (Universal-)Netzwerk zusammengeführt werden (vgl. zum Thema ISDN u.a. Bocker, S. 7ff; Fundneider; Pfyffer).

Über einen sog. Basisanschluß werden einem Benutzer zwei 64-kbit-Nutzkanäle und ein 16-kbit-Hilfskanal zur Verfügung stehen, über den er in allen Kommunikations- und Informationsarten mit einer einheitlichen "Telekommunikations-Rufnummer" kommunizieren kann. "Zum Aufbau einer Verbindung braucht der Benutzer nur die Rufnummer des gewünschten Teilnehmers und die gewünschte Kommunikationsform anzugeben. Bei bestehender Verbindung kann der Benutzer die Kommunikationsform wechseln oder einen zusätzlichen Übertragungsweg aufbauen, ohne erneut wählen zu müssen. Seine Endeinrichtung kann der Benutzer überall im Land an einheitlichen universellen Kommunikationssteckdosen anstecken, über die alle Kommunikationsdienste zugänglich und über die die Teilnehmer aller wichtigen Nachrichtennetze erreichbar sind" (Fundneider, S. 17).

- Private Kommunikationsnetze

Die derzeit vorhandenen technischen Möglichkeiten, einen Kommunikationsverbund von Arbeitsplätzen innerhalb einer Unternehmung aufzubauen, konzentrieren sich vor allem auf zwei Alternativen: die digitale Nebenstellenanlage und das Local Area Network (LAN).

Mit dem Einsatz einer Nebenstellenanlage verbindet sich die Absicht, die Infrastruktur des hausinternen Fernsprechverkehrs auch für andere Kommunikationszwecke mitzubenutzen. Der digitale Aufbau der Nebenstellenanlage erlaubt die Gleichbehandlung der Kommunikationsinhalte Sprache, Text, Bild und Daten. Die Benutzung der digitalen Nebenstellenanlage als allgemeines Basistransportmedium gewinnt vor allem vor dem Hintergrund, eine bereits bestehende Hausverkabelung verwenden zu können, für viele Unternehmungen eine entscheidende Bedeutung.

Nicht aus dem Fernsprechbereich, sondern aus dem Bereich der Datenverarbeitung stammt die Konzeption des Local Area Network. Ihr liegt die Idee zugrunde, mit hohen Übertragungsgeschwindigkeiten eine Vielzahl von unabhängigen Endgeräten und DV-Anlagen von u.U. verschiedenen Herstellern zu verbinden. Der Verbund der Endgeräte untereinander wird durch eine separate Verkabelung, zumeist auf der Basis von Koaxialkabeln, realisiert. In breitbandigen Netzen wird das Frequenzband des Kabels in mehrere Kanäle unterteilt, die jeweils für unterschiedliche Kommunikationszwecke genutzt werden.

Mit Hilfe einer digitalen Nebenstellenanlage und/oder eines Local Area Networks wird ein innerbetrieblicher informationstechnischer Verbund von Arbeitsplätzen mit dem Ziel von "jeder-mit-jedem"-Kommunikationsbeziehungen erreicht. Dabei stellen die beiden Kommunikationssysteme bereits eine bedeutende Integration im Bereich des Übertragungsmediums bereit. Auf einem physischen Übertragungskabel werden gleichzeitig mehrere Informationsarten transportiert (zur Technik von digitalen Nebenstellenanlagen und Local Area Networks vgl. z.B. Hegering; Höring et al.; Kauffels).

- Multifunktionale Workstation

Die durch die Transportmedien LAN und Nebenstellenanlage unternehmungsintern und durch das ISDN im öffentlichen Bereich vorgegebene Entwicklung weist in die Richtung der Multifunktionalität im Bereich der Endgeräte bzw. Applikationen. Als Vision für die Leistungen dieser Geräte kann die sogenannte multifunktionale Workstation betrachtet werden. Durch sie wird letztendlich die angestrebte Nutzungsform der Informationstechnik erreicht, Informationen multimodal (d.h. in den Darstellungsformen Text, Daten, Sprache, Bild) bearbeiten sowie unternehmungsintern und -extern kommunizieren zu können (vgl. Fähnrich, S. 523).

Die multifunktionale Workstation ist das Ergebnis zweier Entwicklungsrichtungen:

1. Die verschiedenen, an einem Arbeitsplatz isoliert vorhandenen Spezialgeräte

(wie z.B. Telefon, Schreibmaschine, Fernschreiber, Kopierer, Fernkopierer, Mikrocomputer) wachsen zu einem physischen Gerät zusammen. Das Multifunktionsgerät entsteht in der Absicht, die zwangsläufig mehrfach vorhandenen Hardwarekomponenten der Einzelfunktionsgeräte (wie z.B. Tastaturen, Bildschirme oder Druckwerke) nur noch einfach auszulegen, um sie dann mehreren Anwendungen zur Verfügung zu stellen (vgl. Rüsche/Tasto, S. 170f.). Im Ergebnis wird die multifunktionale Workstation folgende - stichwortartig genannten und in der folgenden Abbildung skizzierten - Hardwarekomponenten umfassen (vgl. Lazak, S. 8ff.; Szyperski et al., S. 55ff.; Kraus, S. 50ff.):

- Tastatur und hochauflösender Bildschirm (vornehmlich im Format mindestens einer DIN A4 Seite); komfortable Benutzeroberfläche mit Maus-, Menue- und Fenstertechnik.

- Lokale Intelligenz mit hoher Rechenleistung und lokaler Datenbasis; zudem wissensbasiertes System mit einer Inferenzkomponente, wie es derzeit von dem Forschungsprogramm der "5. Computer-Generation" geplant wird (vgl. dazu z.B. Simons, S. 169ff.; Diehl; Scheer, 2, S. 179ff.): In einer wissensorientierten Informationsbasis werden Fakten und Regeln abgelegt, auf deren Basis Problemlösungen durch Schlußfolgerungen abgeleitet werden können.

- Drucker, Scanner und/oder intelligenter Kopierer zum Einlesen und zur Ausgabe von Informationen, vor allem auch für Graphiken.

- Mikrofon und Lautsprecher (in der Graphik durch einen Telefonhörer dargestellt) für eine verbale Kommunikation: natürlichsprachiger Dialog mit dem Rechner; Stimmerkennung und Sprachsynthese durch den Rechner; Umsetzung von Stimmeingabe in Schriftausgabe über Textverarbeitungssysteme etc..

- Mikrofon, Lautsprecher sowie eine Videokamera zwecks audiovisueller personenbezogener Kommunikation als auch für das Vorzeigen und Übertragen von Dokumenten-Vorlagen während eines Gesprächs.

- Anschluß an ein (breitbandiges) unternehmungsinternes Netzwerk mit der Schnittstelle zur organisatorischen Umwelt.

2. Durch die Integration der Hardwarekomponenten wird es möglich, auch die Anwendungen der Spezialgeräte zusammenzuführen. Neue Anwendungsfelder der Informationstechnik entstehen aus der Kombination und Integration bekannter und bislang isolierter Dienste und Funktionen. Die technisch bedingte Trennung der Informationsarten Text, Daten, Sprache und Bild wird aufgehoben. Aus der Vielzahl neuer Einsatzmöglichkeiten seien erwähnt:

- Bildfernsprechen (Kombination aus Telefonieren und Videoübertragung),

- Sprachannotationen (Kombination aus Lesen eines Dokumentes und Hören einer sprachlichen Notiz) und

- Textfax (Kombination aus Teletex und Telefax; vgl. Rosenbrock, S. 96f.; Andexser, S. 40ff.).

Die folgende Abbildung gibt die Vision einer zukünftigen multifunktionalen Workstation wieder.

2.2.2.4./2. Prinzipaufbau einer multifunktionalen Workstation

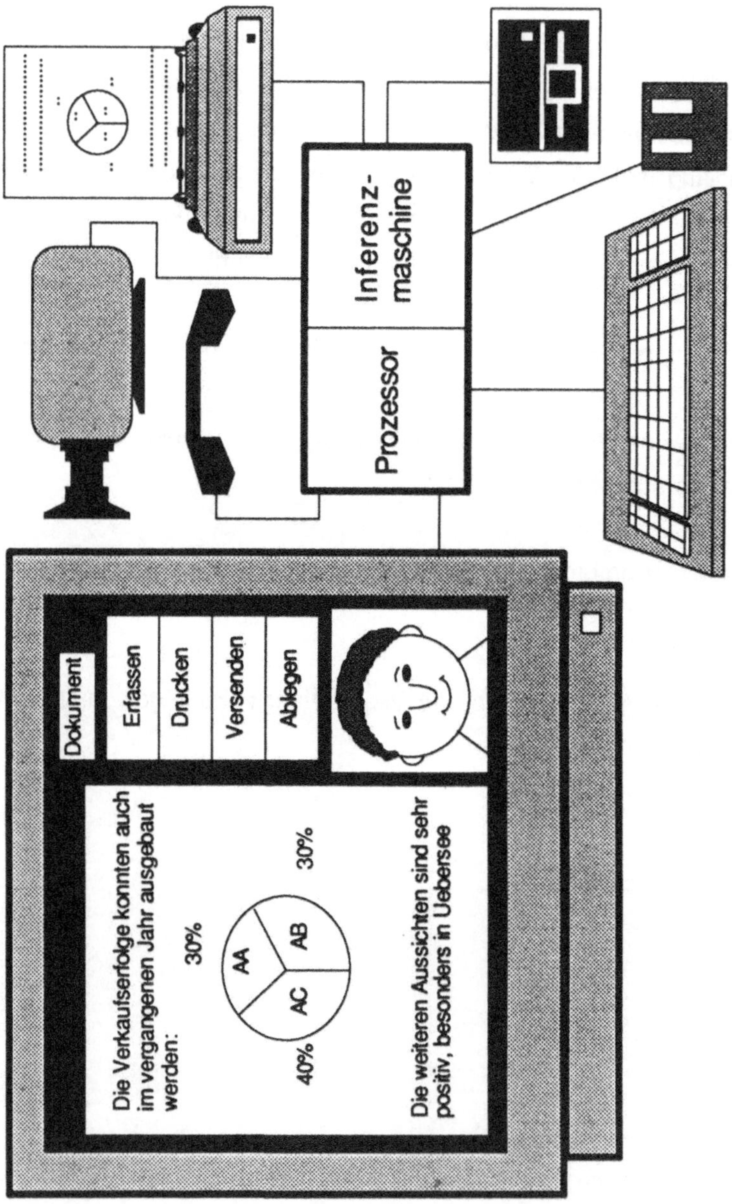

2.2.3. Modellvorstellungen über die Beziehungen zwischen den Systemelementen

Die Perspektive der Büroarbeit als informationsverarbeitende Tätigkeit läßt verschiedene Möglichkeiten zu, Ablauf und Inhalt von Büroarbeit zu interpretieren. Diese Interpretationen beinhalten unterschiedliche Blickwinkel und Zielsetzungen, aus denen heraus Büroarbeit betrachtet bzw. unter denen das Büroinformationssystem modelliert werden kann. Aus der Vielzahl möglicher Betrachtungsperspektiven seien soziologische, psychologische und arbeitswissenschaftliche Sichtweisen erwähnt.

Ausgangspunkt des nachfolgenden Modellentwurfs stellen nun solche Vorstellungen über das Büroinformationssystem dar, die sich insbesondere für die Gestaltung eines computergestützten Informationssystems eignen. Diese Vorstellungen gehen notwendigerweise von den Modellierungsobjekten der zu erfüllenden Aufgabe und von den Informationsbeziehungen zwischen Aufgaben aus (vgl. Grochla, 1, S. 18f.).

In Übertragung dieses Entwurfsprinzips auf den Anwendungsfall des computergestützten Büroinformationssystems werden - gemäß der Definition der Elemente eines Büroinformationssytems in Kap. 2.2.1. - Modellvorstellungen über die Interdependenz der Systemelemente Büroarbeit und Büroinformationen an den Anfangspunkt der weiteren Modellkonstruktion gestellt.

Die folgenden Kapitel beschreiben drei Modellvorstellungen über ein Büroinformationssystem mit dem Ziel der Computerunterstützung.

2.2.3.1. Datenmanipulation

Datenmanipulationsorientierte Vorstellungen betonen die Datenbezogenheit der Büroarbeit. Demnach liegt ihr Hauptinteresse in einer adäquaten Beschreibung des Büroinformationssystems in Einheiten zu bearbeitender Datenobjekte.

Die Hauptelemente datenmanipulationsorientierter Modelle sind Datentypen und Operationen zur Datenmanipulation (vgl. Bracchi/Pernici, 2, S. 163). Büroarbeit wird durch die Modelle als Operation an Daten betrachtet. Vereinfacht werden Daten hinsichtlich ihrer physischen Datenträger im wesentlichen als Formulareintragungen interpretiert. Mit einer zweckentsprechenden Gruppierung von Formulartypen können verschiedene, durch Büroarbeit zu bearbeitende Datenbestände dargestellt werden.

Die Abbildung von Datenbeständen durch Formulartypen kommt der Sicht des Benutzers auf anfallende Daten sehr nahe. Für den Benutzer stellen sich Daten vereinfacht durch ihre physischen Repräsentanten (in allgemeiner Form das Dokument) dar.

Aus der starken Betonung der Datenseite folgt eine nachgeordnete Position der Datenmanipulationsaktivitäten zur Büroarbeit. Diese Aktivitäten besitzen eher allgemeingültige und applikationsneutrale Zielsetzungen. Durch generelle datenverarbeitende Aktivitäten wie z.B. das Anlegen, Verändern, Löschen, Sortieren und Ausdrucken erhält ein Benutzer Werkzeuge, mit denen er selbst Anwendungen realisiert, die er zuvor von der Datenseite aus individuell beschrieben hat.

Erste Prototypen von Büroinformationssystemen bauten auf datenmanipulationsorientierten Ansätzen auf. Da eine wesentliche Zielsetzung dieser Ansätze in der Nachbildung von benutzerindividuellen Sichten auf Formulare bestand, begründeten diese Ansätze in starkem Maße die Entwicklung von multifunktionalen Workstations.

Als Beispiele von Büroinformationssystemen, die auf datenmanipulationsorientierten Modellvorstellungen basieren, können "Query-By-Example/Office-By-Example" (vgl. Zloof) und "Officetalk-Zero" (vgl. Ellis/Nutt, S. 29ff.) genannt werden. Im folgenden soll kurz auf Officetalk-Zero eingegangen werden.

Ausgangspunkt von Officetalk-Zero war die Überlegung, ein Büroinformationssystem "should be based on data objects of single page forms and files of forms;

intercommunication is accomplished by electronically passing forms among the work stations" (Ellis/Nutt, S. 29). Aufgrund des datenmanipulationsorientierten Ansatzes war die Substitution papiergebundener Daten durch elektronische Formulare angestrebt. Dazu verfügt ein Benutzer über einen Formulareditor, mit dem er sowohl das graphische Layout eines Formulars als auch die Form und den Inhalt der Formularfelder bestimmen kann. Der Benutzer ist so in der Lage, für unterschiedliche Aufgaben verschiedene Formulare zu erstellen. Neben diesen "leeren" Formularen kann er ferner a) ausgefüllte und abgespeicherte Formulare sowie b) von anderen Mitarbeitern empfangene und an andere Mitarbeiter versandte Formulare verwalten.

Datenmanipulations-Ansätze unterstützen in ihrer überwiegenden Zahl eine detaillierte Spezifikation von Daten, die bei Büroarbeit benötigt werden. Die Ansätze stellen jedoch keinen Bezug von Aktivitäten der Datenmanipulation zu der Aufgabenerfüllung eines Benutzers her. Diesen Bezug hat ausschließlich der Benutzer selbst aufzubauen, indem er gemäß den Modellvorstellungen generelle Aktivitäten der Manipulation individuell einer zu erfüllenden Aufgabe zuordnet.

Im Mittelpunkt dieser Ansätze steht daher der einzelne Benutzer, der leistungsfähige computergestützte Werkzeuge zur Verarbeitung von Dokumenten benötigt und einsetzt. In der Manipulation eines Dokumentes konkretisiert und manifestiert sich Büroarbeit. In dieser Hinsicht kamen bei der Diskussion von Büroarbeit in Kap. 2.2.2.2. bereits datenmanipulationsorientierte Modellvorstellungen zum Ausdruck.

2.2.3.2. Datenfluß

Wenn über den einzelnen Büromitarbeiter hinaus unternehmungsweite generelle und den Arbeitszusammenhang mehrerer Mitarbeiter integrierende Aspekte berücksichtigt werden sollen, müssen Datenmanipulations-Modelle der beschriebenen Form erweitert werden (vgl. Hirschheim, S. 33f.; Bracchi/Pernici, 2, S. 163).

In den Ansätzen der Datenmanipulation wird der individuelle Büroarbeiter durch das Büroinformationssystem nur hinsichtlich seiner eigenen selbstinitiierten Aktivitäten unterstützt. Aus diesem Grunde ist der Arbeits- und Kontrollfluß zwischen individuellen Büroarbeitern nicht unter einer gesamthaften Kontrolle und kann nicht aus den Aktivitäten abgeleitet werden.

Um den Blickwinkel von individueller Büroarbeit auf die gesamtorganisatorische Ebene auszuweiten, liegt es nahe, das Büroinformationssystem auch anhand der zwischen einzelnen Aufgabenträgern auszutauschenden Informationen zu modellieren. Diese ablaufbezogene Sicht datenorientierter Modellvorstellungen interpretiert jede Bürotätigkeit als den Transport von Datenträgern zwischen Aufgabenträgern und als die Manipulation dieser Datenträger. Damit entstehen datenflußorientierte Vorstellungen zur Modellierung des Büroinformationssystems.

Aufgabenträger empfangen danach Datenträger, sie generieren Datenträger und geben Datenträger weiter. So bilden sich netzwerkartige "Lieferbeziehungen" (Wißkirchen, S. 33) bzw. "innerbetriebliche Leistungsverpflechtungen" (Frese, S. 191) innerhalb einer Organisation, die ebenfalls bei der adäquaten Abbildung realen Bürogeschehens berücksichtigt werden müssen.

2.2.3.3. Prozeduren

Neben datenmanipulations- und datenflußorientierten Vorstellungen kann das Büroinformationssystem auch durch prozedurale Ansätze beschrieben werden. Diese Modellvorstellungen betrachten Büroarbeit unter dem Aspekt des Aufgabenbezugs. Danach setzt eine zu erfüllende Aufgabe eine bestimmte, der Aufgabenerfüllung angemessene Prozedur voraus. Ist ein Mitarbeiter mit der Erledigung einer Aufgabe konfrontiert, so wählt er aus dem Bestand der ihm eigenen Prozeduren eine sachgerechte Prozedur aus. Eine Prozedur besteht aus einer vordefinierten Abfolge von Aktivitäten, mit denen eine anstehende Aufgabe erledigt werden kann.

Aufgrund dieser Modellvorstellungen gliedert sich jedes Bürogeschehen im wesentlichen in die folgenden drei Stufen auf, die insgesamt eine Prozedur zur Aufgabenerledigung ausmachen (vgl. Newman, S. 6):

- Aufgabenwahrnehmung
  Die Stufe der Aufgabenwahrnehmung stimuliert den Bedarf, eine Aufgabe zu erledigen. Beispiel: Der Eingang einer Lieferantenrechnung leitet die Aufgabe Rechnungsprüfung ein.

- Prozedurauswahl
  Im Falle einer standardisierten und routinisierten Aufgabenerledigung existiert für den Büromitarbeiter eine eindeutige Prozedur. Er kann einer zu erfüllenden Aufgabe eine vordefinierte Prozedur zuordnen. Im Falle einer nicht routinisierten Aufgabe muß der Mitarbeiter die Prozedur erst entwickeln. Hierzu kann er u.U. auf Erfahrungen und vergleichbare Lösungsansätze aus anderen Aufgaben bzw. Prozeduren zurückgreifen.

- Prozedurausführung
  Nachdem eine zur Aufgabenerfüllung adäquate Prozedur ausgewählt oder entwickelt worden ist, kann mit der Prozedurdurchführung begonnen werden.

Das Ziel dieser gedanklichen Grob-Strukturierung besteht darin, informationsverarbeitende Aktivitäten (die Prozeduren) in ihren Zweckbezügen zu einer informationsverarbeitenden Aufgabe darzustellen. Dieser Bezug geht bei daten- und damit individuellorientierten Aktivitätsmodellen verloren. Indem prozedurale Vorstellungen den Bezug zwischen Aufgabe und Prozedur aufdecken, sind sie zusätzlich in der Lage, Bedingungen zu beschreiben, an die eine Aufgabenerfüllung gebunden ist.

Diesbezüglich enthalten prozedurale Modellvorstellungen Kontrollregeln, die den prozeduralen Ablauf einer Aufgabe definieren (vgl. Bracchi/Pernici, 1, S. 113f.). Diese reglementieren neben zeitlichen Aspekten sowohl die zu einer Aufgabenerfüllung erforderlichen als auch die zwischen mehreren Teilaufgaben auszutauschenden Informationen.

Prozedurale Modellvorstellungen können ebenfalls - wie datenmanipulationsorientierte Ansätze - von der Perspektive des einzelnen Aufgabenträgers auf arbeitsteilig von mehreren Aufgabenträgern zu erfüllende Aufgaben erweitert werden. Demzufolge sind an einer Büroaufgabe mehrere Aufgabenträger mit unterschiedlichen Teilprozeduren und Informationsbeziehungen beteiligt.

Weitere Kontrollregeln legen dann vor allem die Zuordnung einer Person zu einer Prozedur, die Definition von Ergebnissen und Zuständen zur Initiierung und zur erfolgreichen Beendigung einer Prozedur sowie die Schnittstellen zwischen Prozeduren mehrerer Aufgabenträger fest.

Büroinformationssysteme, die auf einem prozeduralen Ansatz aufbauen, sind z.B. "SCOOP" (vgl. Zisman, 1) und "DOMINO" (vgl. Kreifelts, 2) als auch Systeme der sog. aktionsorientierten Datenverarbeitung. Diese Systeme modellieren das Bürogeschehen als eine Menge nebenläufiger Prozeduren auf jeweils einer der o.a. drei Prozedurstufen. Die Systeme verfolgen die aktuellen Zustände und Abläufe von Prozeduren auch über mehrere Aufgabenträger hinweg. Anhand des aktuell erreichten Zustandes einer zu erfüllenden Aufgabe werden die zugeordneten Aufgabenträger über ein Electronic-Mail-System über die bevorstehende Aufgabenerfüllung informiert und mit den zur Aufgabenerfüllung erforderlichen Informationen versorgt. Die Impulse werden von einem zentralen Monitorsystem verteilt. Zur Konzeption derartiger zentraler Vorgangssysteme vgl. u.a. Mertens/Hofmann; Kendler; Scheer, 1, S. 64ff..

2.2.4. Entwurfsverfahren des Modells

Das Ziel der Arbeit besteht - wie in Kap. 1.2. ausgeführt - darin, ein allgemeines Modell eines Büroinformationssystems zu entwerfen. Dieses soll einerseits die im vorherigen Kapitel beschriebenen Modellvorstellungen über Büroarbeit vereinen als auch Integrationsmöglichkeiten des Bürosystems mit anderen betrieblichen Informationsystemen beschreiben.

Aufgrund des zunehmenden Einsatzes von Datenbanksystemen für die betriebliche Informationsverarbeitung soll der Schwerpunkt auf den Entwurf eines Datenmodells gelegt werden. Das dabei benutzte Entwurfsverfahren versucht, die Datenstrukturen auf der Basis des Relationenmodells zu entwickeln. Zum Entwurfsverfahren vgl. Zehnder, S. 34ff. Aus Gründen der Übersichtlichkeit und Verständlichkeit wird versucht, eher ein problemorientiertes als ein gänzlich normalisiertes Datenmodell herzuleiten.

Zwei Hinweise zum Entwurfsverfahren seien angeführt:

1. Die Entwurfssprache des Modells bildet die sog. "Einrückungsliste", die eine spezielle Form eines Kontrollbaumes darstellt. Der Kontrollbaum ist ein formales Beschreibungsmittel der hierarchischen Struktur eines Modellobjektes (vgl. Österle, 1, S. 195ff.). Für die Einrückungsliste gelten im wesentlichen die folgenden Konstruktionsprinzipien:

- Die Einrückung beschreibt den inneren hierarchischen Aufbau eines Objektes. Ein beliebiges Objekt innerhalb der Hierarchie setzt sich aus den untergeordneten, d.h. eingerückten Objekten zusammen. Objekte auf gleicher Einrückungsstufe sind gleichgeordnet.

- Objekte werden durch Kontrollkonstrukte aus anderen Objekten zusammengesetzt. Grundlegendes Kontrollkonstrukt der eingerückten Liste ist die Sequenz von Objekten. Die Sequenz wird im Gegensatz zu den anderen Kontrollkonstrukten nicht speziell in der Liste vermerkt. Hingegen wird das Konstrukt der Iteration durch das Symbol "*" und das Konstrukt der Selektion durch das Symbol "o" gekennzeichnet. Die Symbole werden neben einem Objekt aufgeführt und verdeutlichen dessen entsprechende iterative oder selektive Konstruktion aus Objekten auf der nachfolgenden Einrückungsstufe.

- Schlüsselattribute von Relationen sind unterstrichen.

- Referenzen zwischen Relationen über gemeinsame Attribute sind durch das

Symbol "->" gekennzeichnet.

2. Es wird bei der Darstellung des Datenmodells darauf verzichtet, einen Datentyp auf die untere Ebene elementarer Standarddatentypen zurückzuführen. An dieser Stelle sei darauf hingewiesen, daß zukünftig neben den bekannten Datentypen integer, real, boolean und char die sachgerechte Repräsentation von Bürodaten zusätzliche Datentypen wie text, image, audio und digital erfordern wird (vgl. Gibbs, S. 208; Gibbs/Tsichritzis, S. 304).

3. Datenmodell eines Büroinformationssystems

In Kap. 2.2.2.2. wurde Büroarbeit als Grundelement der Aufgabenerfüllung eines Aufgabenträgers interpretiert. Diese Interdependenz von Aufgabenerfüllung und Büroarbeit soll in den Mittelpunkt der Modellentwicklung gestellt werden. Um dabei die Eingliederung der Büroarbeit in den Aufgabenerfüllungsprozeß darzustellen, wird - wie in der Organisationslehre bei der Diskussion organisatorischer Tatbestände üblich - von aufbau- und ablauforganisatorischen Überlegungen ausgegangen.

Dazu werden in aufbauorganisatorischer Sicht Büroaufgaben und Mitarbeiter als Strukturelemente des Systems Aufgabenerfüllung definiert, die in ablauforganisatorischer Sicht spezifische Vorgänge an Informationen (bzw. Dokumenten als deren physische/logische Repräsentanten) vornehmen.

3.1. Aufbauorganisatorischer Bezug der Büroarbeit

Zielsetzung der Aufbauorganisation ist es, im Rahmen eines relativ dauerhaften Gefüges die betriebliche Gesamtaufgabe in erforderliche Teilaufgaben zu untergliedern und diese Aufgabenträgern zuzuordnen. Diese organisatorischen Strukturierungsbemühungen werden üblicherweise in die Tätigkeiten der Aufgabenanalyse und der Aufgabensynthese untergliedert.

Aufgabenanalyse und Aufgabensynthese bilden funktionsfähige und arbeitsteilige Einheiten innerhalb der Organisation und legen die Art ihrer Beziehungen zueinander fest (vgl. Kosiol, 2, Sp. 180).

Als diejenigen Elemente, die in aufbauorganisatorische Überlegungen Eingang finden, werden Büroaufgaben und Mitarbeiter bestimmt.

3.1.1. Büroaufgaben

Die Büroaufgabe definiert einen zu erreichenden Leistungskomplex, der zur Erfüllung der unternehmerischen Gesamtaufgabe notwendig ist. Sie leitet sich aus einer analytischen Gliederung der Gesamtaufgabe in Teilbereiche ab. Die Summe der analytisch gewonnenen Teilaufgaben einer Unternehmung stellt idealtypisch den Zweck der Unternehmung dar (vgl. Schertler, S. 23).

Jeder Aufgabe liegen charakteristische Merkmale zugrunde, die den Aufgabeninhalt beschreiben. Allgemein definiert eine Aufgabe einen Verrichtungsvorgang an einem Objekt in Raum und Zeit mit Hilfe bestimmter Mittel (vgl. Schmidt, H., S. 33). Unter Einschluß der Bedeutung einer Aufgabe innerhalb eines Entscheidungsprozesses bieten sich insgesamt die Gliederungskriterien Verrichtung, Objekt, Rang (Entscheidungs- oder Ausführungsaufgabe) und Phase (Planungs-, Realisations-, Kontrollaufgabe) zur Aufgabenanalyse an (vgl. Kosiol, 1, S. 49; Kramer, S. 151; Krüger, 1, S. 187f.).

Zur Unterscheidung von Aufgaben an materiellen Objekten soll im folgenden der Begriff der Büroaufgabe zur Kennzeichnung von Aufgaben an Informationen i.S. immaterieller Objekte gewählt werden.

Hinsichtlich des möglichen oder angestrebten Standardisierungsgrades einer Aufgabe können die folgenden beiden Typen von Büroaufgaben unterschieden werden (vgl. Staerkle/Jaeger, S. 681ff.; Reichwald, 2, S. 8ff.; Morton, S. 7ff.):

- Die programmierbare Aufgabe
  Die programmierbare Aufgabe (oder auch starre Routineaufgabe) ist dadurch gekennzeichnet, daß ihr Vollzug durch eine eindeutige Folge von Handlungsanweisungen bestimmt ist (die in einem allgemeinen, nicht unbedingt rechnerspezifischen Sinne als Programm zu bezeichnen ist). Die Aufgabe ist hinsichtlich der zu erfüllenden Leistung (in qualitativer, quantitativer und zeitlicher Beziehung) eindeutig bestimmt oder bestimmbar. Anzahl und Verschiedenartigkeit von Einfluß- und Bestimmungsfaktoren sind bekannt und/oder vorhersehbar.

Die Gleichartigkeit der zu erbringenden Leistungen in einer sich nur unwesentlich verändernden Ausgangs- und Bedingungslage bei wohlstrukturierten Problemstellungen ermöglicht die Programmierung.

- Die nicht programmierbare Aufgabe
  Dieser Aufgabentyp weist im Gegensatz zu einer programmierbaren Aufgabe einen geringeren Bestimmtheitsgrad auf. Bei dieser Aufgabe kann es sich um eine innovative, gelegentliche oder stets wandelnde, d.h. jeweils in unterschiedlichen Ausgangssituationen zu vollziehende Aufgabenstellung handeln. Die Spezifität der Ausgangs- oder Bedingungslage der Aufgabenerfüllung verhindert die Programmierung vor allem aufgrund des nicht planbaren Informationsbedarfs des Entscheidungsträgers und der notwendigen Offenheit in der Kommunikation zu anderen Aufgabenträgern. Nicht programmierbare Aufgaben sind von einer Vielzahl sog. "Ermessensentscheidungen" (Staerkle/Jaeger, S. 682) geprägt. Die Unsicherheit und Unvorhersehbarkeit in dispositiven und improvisierenden Entscheidungssituationen setzt dabei in einem hohen Maße menschliche Werturteile voraus. Während die programmierbare Aufgabe die Bewältigung eines Routinefalles zum Ziel hat, steht im Mittelpunkt dieses Aufgabentyps die (kreative und intellektuelle) Bewältigung des Einzelfalls.

3.1.2. Mitarbeiter

Zur Erfüllung von Büroaufgaben stehen die in einer Unternehmung tätigen Mitarbeiter bereit. Diese stellen "autonom-aktive Leistungspotentiale" (Bleicher, S. 51) dar, die durch zielgerichtetes Handeln zur Aufgabenerfüllung beitragen.

Es wird der Datentyp Mitarbeiterbestand in das Modell aufgenommen, der die in einer Organisation beschäftigten Aufgabenträger beschreibt. Als mögliche Attribute, die innerhalb eines Büroinformationssystems von Bedeutung sind, können neben Mitarbeitername und Mitarbeiternummer die Abteilungszugehörigkeit, eine geographische Beschreibung des Arbeitsplatzes (z.B. die Gebäudebezeichnung), eine Geschäftstelefonnummer und eine Kommunikationsnummer betrachtet werden.

Durch die Abteilungszugehörigkeit wird der Bezug des Mitarbeiters zu einem organisatorischen Bereich festgelegt. Die Attribute Geschäftstelefonnummer und Kommunikationsnummer stehen stellvertretend für die Summe von möglichen Merkmalen, die die kommunikative Erreichbarkeit eines Mitarbeiters beschreiben. Während die Geschäftstelefonnummer die innerbetriebliche Erreichbarkeit in einem unternehmungsinternen Netzwerk kennzeichnet, gibt die Kommunikationsnummer die Erreichbarkeit aus einem öffentlichen Telekommunikationsnetz/-dienst (Telefon, Telex/Teletex, Telefax etc.) heraus an.

Rechte zur Benutzung von Kommunikationsfunktionen werden schließlich durch das Attribut Kommunikationsrecht beschrieben (z.B. das Recht auf nur innerbetriebliche, nur innerstädtische, nationale oder internationale Kommunikation).

Abb. 3.1.2./1. gibt die Struktur des Datentyps Mitarbeiterbestand wieder.

3.1.2./1. Struktur des Datentyps Mitarbeiterbestand

Mitarbeiterbestand *
- Mitarbeiter
  - <u>Mitarbeiternr</u>
  - Mitarbeitername
  - Abteilungsnr
  - Arbeitsplatz
  - Geschäftstelefonnr
  - Kommunikationsnr
  - Kommunikationsrecht

3.1.3. Beziehungen zwischen Büroaufgaben und Mitarbeitern

Nach der aufgabenträgerunabhängigen Festlegung von Teilaufgaben werden diese nach sach- und/oder personenbezogenen Gesichtspunkten zu Stellen zusammengefaßt und Aufgabenträgern zugeordnet.

Der Aspekt der Stellenzuordnung einer Aufgabe, der je nach zeitlicher Größenordnung vorübergehend oder permanent geregelt ist, soll in zwei Ausprägungen in das Modell aufgenommen werden:

- Die einzelne Zuordnung
  Unter dieser Zuordnungsform ist die direkte Vergabe einer Aufgabe an einen einzelnen Mitarbeiter zu verstehen. Eine Aufgabe legt die Soll-Leistung fest, die in den Verantwortungs- und Zuständigkeitsbereich eines bestimmten Mitarbeiters gelegt wird. Neben der Verpflichtung, eine Aufgabe zu erfüllen, können durch die Zuordnung Kompetenzen übertragen werden, die bis zu einem gewünschten Delegationsgrad einen Entscheidungs- und Handlungsraum des Mitarbeiters definieren.

- Die Mehrfachzuordnung
  Bei dieser Zuordnungsform werden mehrere Aufgabenträger zu einer Aufgabeneinheit zusammengefaßt. Die Aufgabenstellung wird mehreren Mitarbeitern zur gemeinschaftlichen Erfüllung übertragen. Dieser Typ von Stellenzuordnung ist gekennzeichnet von Formen der Gruppenarbeit.

Der Datentyp Stellenzuordnungen kennzeichnet die Zuordnung einer Aufgabe an einen oder mehrere Aufgabenträger. Die folgende Abbildung stellt die Struktur des Datentyps Stellenzuordnungen dar. Das Attribut Büroaufgabennr verweist dabei auf den noch zu beschreibenden Datentyp Büroaufgaben.

3.1.3./1. Struktur des Datentyps Stellenzuordnungen

Stellenzuordnungen	*
Stellenzuordnung	
Mitarbeiternr	->Mitarbeiter
Büroaufgabennr	->Büroaufgabe

Durch die beschriebenen Formen der Stellenzuordnung können die in Kap. 3.1.1. eingeführten programmierbaren und nicht programmierbaren Aufgabentypen jeweils einem einzelnen Aufgabenträger oder mehreren Aufgabenträgern gemeinsam zugeordnet werden. Damit ergeben sich vier Zuordnungsarten:

(1) eine programmierbare Aufgabe wird an einen einzelnen Aufgabenträger übertragen,

(2) eine nicht programmierbare Aufgabe wird an eine Aufgabenträgergruppe übertragen,

(3) eine programmierbare Aufgabe wird an eine Aufgabenträgergruppe übertragen,

(4) eine nicht programmierbare Aufgabe wird an einen einzelnen Aufgabenträger übergeben.

Im folgenden soll näher auf die Fälle der Zuordnung von Aufgaben zu Aufgabenträgergruppen eingegangen werden. Fall (3) ist von eher untergeordnetem Interesse, da Gruppenarbeit primär zwecks der Bewältigung komplexer Probleme zum Einsatz gelangt. Dagegen ist Fall (2) eine weitaus größere organisatorische Bedeutung beizumessen.

Durch diese Organisationsform sollen vor allem Sonderaufgaben bewältigt werden. Deren außerordentlicher Charakter legt es nahe, zu ihrer Erfüllung vorübergehend oder periodisch zusätzliche Organisationsgebilde in Form von Kollegien einzurichten (vgl. Kosiol, 3, Sp. 1013). Die Sonderaufgaben befassen sich in erster Linie mit einmaligen Aufgaben (wie z.B. Projekte, Beseitigung nicht vorhersehbarer Probleme) und mit Koordinationsaufgaben (vgl. Hill/Fehlbaum/Ulrich, S. 134), die über die definierten, aufgabenorientierten Informationsbeziehungen hinausgehen.

Beispiele für diese Koordinationsaufgaben sind vor allem Sitzungen und Besprechungen. In diesen finden sich vorübergehend und/oder periodisch Mitarbeiter zusammen, die "sowohl sachlich als auch instanziell aus unterschiedlichen Bereichen kommen und nur zu bestimmten Zeitpunkten an einem Ort zusammentreten, während sie sonst anderen Aufgaben innerhalb ihrer Stelle nachgehen" (Kosiol, 3, Sp. 1013).

3.2. Ablauforganisatorischer Bezug der Büroarbeit

3.2.1. Aspekte der Aufgabenunterstützung

Büroaufgaben definieren in statischer Sicht ein Handlungsziel, zu dessen Erreichung ein Mitarbeiter auf die unterstützenden Dienste der Büroarbeit zurückgreift.

Im folgenden wird der Bezug zwischen Büroarbeit und der Erfüllung einer Aufgabe hergestellt. Während in den Kapiteln 3.2.2. und 3.2.3. auf die speziellen Objekte der Büroarbeit eingegangen wird, sollen zunächst die folgenden Aspekte der Unterstützung von Büroaufgaben durch Büroarbeit in das Modell aufgenommen werden:

- die Möglichkeit, die mit der Aufgabenerfüllung verbundenen Regeln zu definieren und als Wissensbasis über realisierte Lösungen auch für zukünftig anstehende Aufgaben benutzen zu können (Kap. 3.2.1.1.),

- die Möglichkeit, den Ablauf arbeitsteilig organisierter Büroaufgaben durch den Aufbau und die Aufrechterhaltung aufgabenunterstützender Informationsbeziehungen zu fördern (Kap. 3.2.1.2.),

- die Möglichkeit, Büroaufgaben unter Beachtung ihrer zeitlichen Beziehungen zu anderen Aufgaben zu erfüllen (Kap. 3.2.1.3.).

3.2.1.1. Prozedurregeln von Büroaufgaben

In Kap. 2.2.3.3. wurde der Begriff der Prozedur eingeführt, der Regeln für die Erfüllung einer Aufgabe beschreibt. Es werden hier inhaltlich drei Bestandteile einer Prozedur bestimmt: Vorbedingungen, Nachbedingungen sowie Durchführungsregeln. Vorbedingungen und Nachbedingungen bestimmen Beginn und Ende einer Prozedur (vgl. Gibbs, S. 224; Kreifelts, 2, S. 139). Durchführungsregeln beschreiben die zur Verrichtung einer Aufgabe erforderlichen Prozesse.

(1) Vorbedingungen und Nachbedingungen

Da eine Büroaufgabe bzw. Teilaufgabe an einen Mitarbeiter/eine Mitarbeitergruppe als eine zu erfüllende Soll-Leistung vergeben wird, ist zunächst der Sachverhalt eindeutig festzulegen, der die Aufgabenerfüllung des Mitarbeiters initiiert.

Die Erfüllung einer Aufgabe beginnt in prozeduralem Sinne mit dem Vorhandensein einer eindeutigen Ausgangssituation, die die Durchführung der Aufgabe erst ermöglicht. Der Mitarbeiter nimmt diese Situation zum Anlaß, mit der Aufgabenerledigung zu beginnen.

Das initiierende Ereignis ist grundsätzlich anhand situativer oder temporaler Gegebenheiten festzulegen. So kann einerseits das Eintreten eines bestimmten Sachverhalts das Ausführen einer Aufgabe erfordern (z.B. Bestellung auslösen bei Unterschreiten eines Mindestbestandes einer auf Lager liegenden Ware), andererseits kann auch das Erreichen eines Zeitpunktes eine Aufgabenerfüllung auslösen (z.B. Bilanzerstellung zum Abschluß eines Geschäftsjahres).

Sachliche und zeitliche Ereignisse legen den Anfang einer Aufgabenerfüllung als Vorbedingungen fest. Nachbedingungen bestimmen dagegen zu erreichende Zustände, die nach der Aufgabendurchführung erfüllt sein müssen. Eine wesentliche Nachbedingung ist in der Einhaltung eines Endzeitpunktes (im Sinne einer maximalen Dauer des Aufgabenerfüllungsprozesses) zu sehen. Dadurch werden zeitliche Restriktionen formuliert, die nach Beginn der Aufgabenerfüllung zu beachten sind (z.B. Bilanzerstellung bis spätestens drei Monate nach Ablauf des Geschäftsjahres bzw. Warenbestellung innerhalb von zwei Tagen zwecks Sicherung eines gewissen Lieferbereitschaftsgrades).

(2) Durchführungsregeln und Lösungsansätze

Zu Vor- und Nachbedingungen einer Aufgabenerfüllung treten Durchführungsregeln. Sie beschreiben Arbeitsprozesse an Informationen zur Erreichung eines erwarteten Arbeitsergebnisses. Gemäß der Unterscheidung in programmierbare bzw. programmierte und unstrukturierbare bzw. unstrukturierte Aufgaben kann der Grad der Formalisierung von Arbeitsprozessen an Arbeitsobjekten stark divergieren. So stehen sich

a) im voraus bestimmte Arbeitsprozesse und Arbeitsobjekte einer programmierbaren Aufgabe und

b) die von einem Aufgabenträger oder einer Aufgabenträgergruppe u.U. erst zu entwickelnden Algorithmen und Lösungsansätze einer unstrukturierten Aufgabe

als Extrempositionen von Durchführungsregeln gegenüber, wie sie durch den Datentyp Büroaufgaben wiedergegeben werden.

Die im Datentyp Büroaufgaben enthaltenen Durchführungsregeln definieren Fachwissen zur Lösung einer Aufgabe. Die Menge von Durchführungsregeln, die der Datentyp Büroaufgaben aufnimmt und zur Verfügung stellt, kann insgesamt als

Reservoir zur Lösung fachlicher Problemstellungen seitens des Benutzers angesehen werden. Fachwissen aus realisierten Aufgabenerfüllungsprozessen steht einerseits für die wiederholte Ausführung eines gleichen Aufgabentyps bereit. Darüber hinaus bietet es durch den Rückgriff auf vergleichbare Problemstellungen auch Lösungsmuster für Aufgaben an, für die noch keine Durchführungsregeln erarbeitet wurden (vgl. Mokler, S. 544f.; Scheer, 2, S. 171).

Abb. 3.2.1.1./1. stellt die Struktur des beschriebenen Datentyps Büroaufgaben dar.

3.2.1.1./1. Struktur des Datentyps Büroaufgaben

```
Büroaufgaben                                  *
   Büroaufgabe
   Büroaufgabennr
   Aufgabenstellung
   Beschreibung_der_Prozedurregeln
      Vorbedingungen                          o
         Zeitliche_Aspekte
         Sachliche_Aspekte
      Durchführungsregeln
         Algorithmen_und_Lösungsstrategien
      Nachbedingungen
         Max_Dauer_der_Aufgabenerfüllung
      Art_der_Aufgabe                         o
         Neutrale_Aufgabe
         Spezielle_Aufgabe
```

Eine Büroaufgabe wird dabei eindeutig durch eine Büroaufgabennummer identifiziert. Das Attribut Art_der_Aufgabe unterscheidet, ob eine Aufgabe neutraler Art ist, d.h. von verschiedenen Mitarbeitern ausgeführt werden kann (typische Verwaltungsaufgaben wie z.B. "Beantragen einer Bestellung" oder "Beantragen eines Projektes").

3.2.1.2. Kooperationen

Vor dem Hintergrund aufbauorganisatorischer Gestaltungstätigkeiten stellt sich eine Unternehmung insgesamt als ein Gefüge arbeitsteiliger Einheiten dar. Der zwischen den Stellen notwendige Arbeitszusammenhang erfordert die Ausrichtung der Teilaufgaben einzelner Mitarbeiter auf die Ausführung einer gemeinsamen Aufgabe hin.

Ein wichtiger integrierender Impuls geht von der sachgerechten Gestaltung des Arbeitsflusses zwischen Stellen aus. Dieser spiegelt Verfahrensregeln über den Ablauf von Kooperationsbeziehungen wider.

Dieser Aspekt wird mit folgenden Annahmen in das Modell aufgenommen.

Eine einzelne Büroaufgabe - sowohl programmierter als auch nicht programmierter Art - fügt sich in ein Netzwerk dynamischer ablauforganisatorischer Beziehungen mit anderen Büroaufgaben ein. Gemäß der hierarchischen Struktur der Büroaufgaben sind Informationsbeziehungen sowohl mit Aufgaben auf gleicher Ebene als auch über verschiedene hierarchische Ebenen hinweg anzutreffen.

Die informationelle Ablauffolge zwischen Teilaufgaben einer gemeinsamen Aufgabe soll als Bürovorgang bezeichnet werden. Der Bürovorgang "Internes Bestellwesen" könnte z.B. die Aufgaben

- Beantragen Anschaffung,

- Genehmigen Anschaffung und

- Bestellen

umfassen. Die einzelnen Teilaufgaben bauen auf Informationen vorhergehender Teilaufgaben auf und verwenden deren Arbeitsergebnisse zur eigenen Informationsverarbeitung. Die Informations- und Kommunikationsbeziehungen zwischen Teilaufgaben können dabei den Charakter einer verbindlichen Anordnung, der Instruktion, der Mitteilung, der Motivation und der Steuerung annehmen (vgl. Krüger, 2, S. 163f.; Staerkle/Jaeger, S. 688f.).

Die Verknüpfung der Teilaufgaben eines Bürovorgangs erfolgt durch den Austausch von Informationen. Die Teilaufgaben reihen sich entsprechend der sachlogischen Arbeitsfolge aneinander.

Durch diese Reihung entsteht eine Organisationsform der Arbeitsgestaltung, die dem sog. Fließprinzip aus dem Produktionsbereich eines Industriebetriebes vergleichbar ist. Gemäß diesem Prinzip ordnen sich Arbeitsgänge und Aufgabenträger räumlich und zeitlich nach dem Entstehungsprozeß des zu erstellenden Produktes an (vgl. z.B. Hahn, Sp. 693; Hansmann, S. 85f.; Hoitsch, S. 57f.). Transportwege und -kosten von Werkstücken als auch Wartezeiten von Produktionsanlagen können durch diese Gestaltungsregel minimiert werden. Die Fließbandproduktion ist ein ausgeprägtes Beispiel dieses Gestaltungsprinzips.

Das Fließprinzip kann auch der Aneinanderreihung von Teilaufgaben eines Bürovorgangs zugrunde gelegt werden. Hierbei ist durch den elektronischen Transport der Informationen (im Sinne der weiterzugebenden Werkstücke) eine strenge räumliche Ordnung nicht zwangsläufig einzuhalten, da vor allem Transportzeiten auch zwischen geographisch weit auseinanderliegenden Stellen zu vernachlässigen sind. Die Analogie zum Produktionsbereich kann damit auf eine sachlogische chronologische Reihung wie nachfolgend beschrieben eingeschränkt werden.

3.2.1.2./1. Sachlogische Reihung von Teilaufgaben zu einem Vorgang

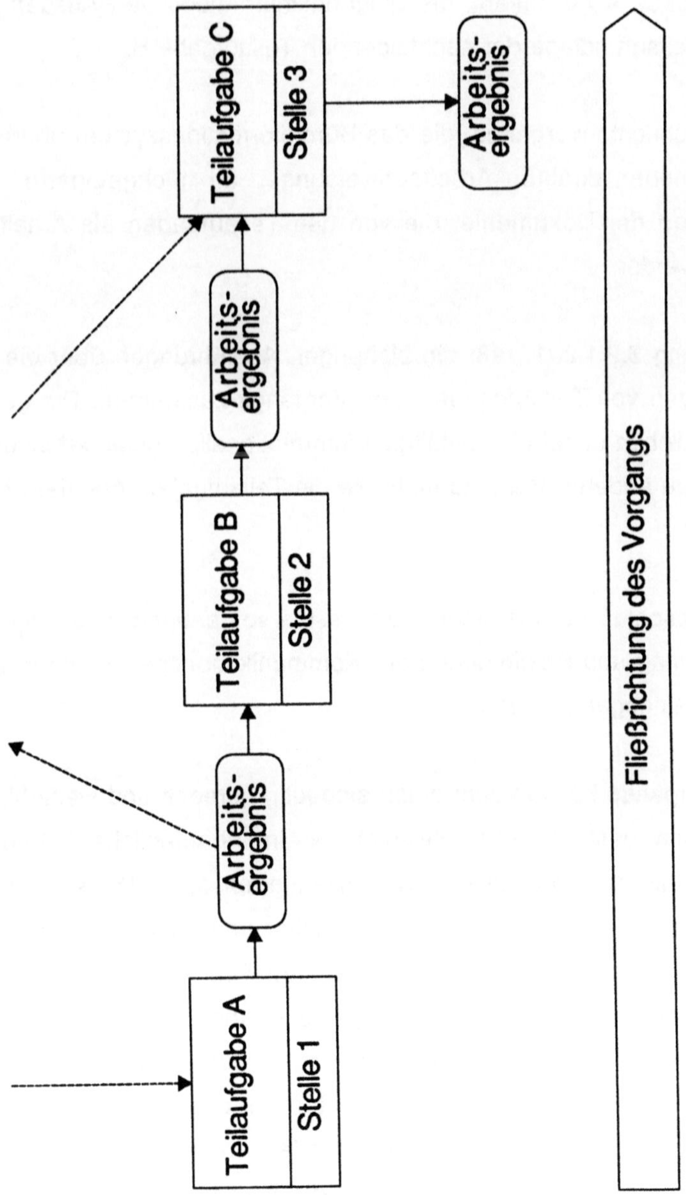

Die Teilaufgaben eines Bürovorgangs sind in der Reihenfolge einer nachgeordneten Verwendung zuvor erstellter Arbeitsergebnisse gereiht. Jede einzelne Teilaufgabe schließt mit einem definierten Teilergebnis ab. Dieses wird an eine nachfolgende Teilaufgabe übergeben. Damit bildet die Ausgangsinformation, die eine Teilaufgabe A beschließt, als Eingangsinformation den Ausgangspunkt und/oder die Arbeitsgrundlage der nachfolgenden Teilaufgabe B.

Die Nachrichtenvorgänge, die das Büroinformationssystem übernimmt, beinhalten daher neben direkten Arbeitsanweisungen an nachgelagerte Stellen auch den Transport der Dokumente, die von den Teilaufgaben als Arbeitsgrundlagen benötigt werden.

Abbildung 3.2.1.2./1. faßt die bisherigen Ausführungen über die Kooperationsbeziehungen von Teilaufgaben eines Vorgangs zusammen. Die gestrichelten Linien verdeutlichen dabei die vielfältigen informationellen Querverbindungen der Teilaufgaben zu anderen Vorgängen, in die die Teilaufgaben ebenfalls eingebunden sein können.

Zum Abschluß der bisherigen Diskussion soll anhand eines Beipiels auf die Formalisierung und Bestimmtheit der Kommunikationsbeziehungen zwischen Teilaufgaben eingegangen werden.

Bürovorgänge können zum einen eindeutig geregelt und weiterhin qualitativ sowie quantitativ bestimmt sein (Beispiel: das innerbetriebliche Antragswesen legt eindeutig Informationsinhalte und -beziehungen fest). Daneben sind jedoch auch Kommunikationsbeziehungen ungeregelter und informeller Art zu unterscheiden, die ebenfalls einen aufgabenbezogenen Charakter aufweisen können. Dazu zählen die vielfältigen Abstimmungs- und Rückkopplungsbeziehungen zwischen Aufgaben. Sie fallen bei der Erfüllung sowohl standardisierter als auch nicht standardisierter Aufgaben an. Sie treten bei offenen unvorhergesehenen Fragen und Problemen sowie ungeklärten Sonder- und Ausnahmefällen der Aufgabenerledigung auf, zu deren Bewältigung die Kommunikation mit anderen Aufgabenträgern erforderlich ist. Die folgende Abbildung möge diese Ausführungen illustrieren.

3.2.1.2./3. Arten von Informationsbeziehungen zwischen Teilaufgaben

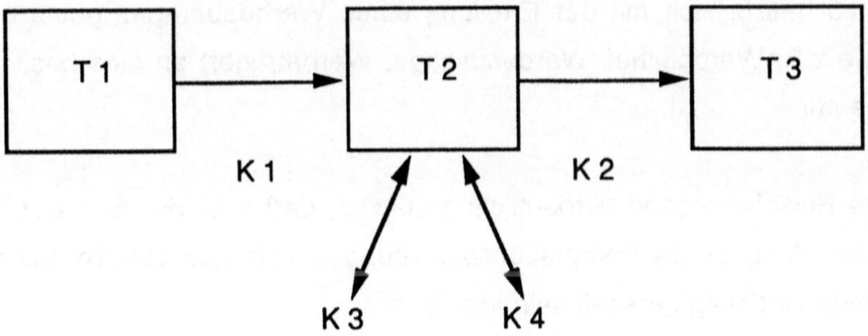

Legende: T1, T3: programmierbare Teilaufgaben eines Vorgangs
T2: unprogrammierbare Teilaufgabe eines Vorgangs
K1, K2: geregelte Kommunikationsbeziehungen des Vorgangs
K3, K4: ungeregelte Kommunikationsbeziehungen zu anderen Aufgaben/Stellen

Gegeben sei ein Bürovorgang, der sich aus drei Teilaufgaben T1, T2 und T3 zusammensetzt. Während die Teilaufgaben T1 und T3 programmierbare Aufgaben im Sinne des Kap. 3.1.1. darstellen, soll es sich bei der Teilaufgabe T2 um eine nicht strukturierte bzw. nicht programmierbare Aufgabe handeln.

Als Beispiel kann der Vorgang "Werbung" aus dem Bereich des Marketing angesehen werden:

- Aufgabe T1 besteht darin, laufend Konkurrenz und Absatzmarkt zu beobachten und eine Reihe bestimmter Marktforschungsdaten über Umsatzentwicklungen etc. monatlich an die nachfolgende Aufgabe/Stelle zu übermitteln.

- Aufgabe T2 beinhaltet die Mediaplanung und -selektion, die bei einer bestimmten negativen Umsatzentwicklung einzuleiten ist. Aufgrund von Präferenzen zugunsten bestimmter Werbeträger ist eine Werbekonzeption aufzubauen.

- Aufgabe T3 befaßt sich mit der Erteilung eines Werbeauftrages gemäß Vorgaben (wie z.B. Werbemittel, Werbeaussage, Werbeträger) an eine bestimmte Werbeagentur.

Dieser fiktive Beispielvorgang verdeutlicht zunächst, daß trotz der Existenz einer unstrukturierten Aufgabe die Informationsbeziehungen zwischen den Teilaufgaben eines Vorgangs eindeutig geregelt sein können.

Weiterhin wird ersichtlich, daß es aufgrund der unstrukturierten Natur der Aufgabe T2 erforderlich sein kann, auf Teil- oder Zwischeninformationen aus anderen Aufgaben oder von anderen Stellen zurückzugreifen. Diese Informations- und Kommunikationsbeziehungen (in dem genannten Beispiel etwa das Abklären offener Fragen zu Marktforschungsdaten, das Einholen aktueller Anzeigenpreise von Zeitungen, das Beantragen eines zusätzlichen Werbebudgets für die geplante Werbeaktion) sind erst in Abhängigkeit möglicher Probleme bei der Aufgabenerfüllung aufzubauen. Aufgrund des möglichen Auftretens unvorhergesehener und nicht im voraus geregelter Informationsbeziehungen ist in diesem Zusammenhang die Forderung aufzustellen, die Leistungen eines Büroinformationssystems auch offen anwenden zu können.

3.2.1.3. Aufgaben- und Arbeitszeitstrukturierung

Büroarbeit ist in einem starken Maße an die Einhaltung von zeitlichen Vorgaben gebunden. Diese Restriktionen können für bestimmte Aufgaben dauerhaft festgelegt sein. Da normalerweise zu einem bestimmten Zeitpunkt mehrere Aufgaben zur Ausführung anstehen, muß ein Mitarbeiter die aktuelle und zukünftige Aufgabenerledigung unter Beachtung zeitlicher Aspekte zueinander in Beziehung setzen. Es werden Termine in das Modell eingeführt, die sich aus dieser zeitlichen Strukturierung ergeben. Sie kennzeichnen aufgabenauslösende Ereignisse, mit denen ein Mitarbeiter zu erfüllende Aufgaben zeitlich ordnet. Ein Termin eines Mitarbeiters wird in einem Arbeitsprotokoll vermerkt.

In einem Arbeitsprotokoll hält der Mitarbeiter eine zu erfüllende Aufgabe unter Beachtung bereits bestehender Termine fest. Dazu ordnet er dieser Aufgabe - unter Einhaltung bekannter zeitlicher Vorgaben und Restriktionen, die durch die Prozedurregeln definiert sind - einen konkreten Anfangs- und Endtermin zu.

Das Arbeitsprotokoll erinnert zudem an den Beginn einer Aufgabenerledigung. In der Funktion einer Tätigkeitsliste stellt es zu einem bestimmten Zeitpunkt noch zu erledigende Aufgaben übersichtsartig zusammen. So erhält der Mitarbeiter i.S. einer Arbeitsverfolgung Auskunft über bereits erledigte und noch ausstehende Aufgaben.

Abb. 3.2.1.3./1. stellt die Struktur des Datentyps Arbeitsdurchführungen dar. Während der Datentyp Büroaufgaben zu erfüllende Aufgabentypen definiert, zeichnet der Datentyp Arbeitsdurchführungen i.S. eines Arbeitsprotokolls vorgesehene und realisierte Ausführungen eines Büroaufgabenexemplars auf.

Das Attribut Tätigkeitsnr dient der fortlaufenden Identifizierung einer geplanten oder durchgeführten Aufgabenerfüllung. Wird eine neutrale Aufgabe ausgeführt (vgl. Kap. 3.2.1.1.), so wird die Mitarbeiternr abgespeichert. Das Attribut Ausführungsstatus weist darauf hin, ob eine geplante Aufgabe bereits erledigt worden ist, sich in Bearbeitung befindet, gestoppt wurde oder erst für eine spätere Ausführung vorgesehen ist.

3.2.1.3./1. Struktur des Datentyps Arbeitsdurchführungen

```
Arbeitsdurchführungen                                   *
  Arbeitsprotokoll
    Tätigkeitsnr
    Protokollgegenstand
      Büroaufgabennr                                    ->Büroaufgabe
    Ausführer_bei_neutraler_Aufgabe
      Mitarbeiternr                                     ->Mitarbeiter
    Ausführungsstatus                                   o
      Erledigt
        Beendigungsdatum_und_Zeit
      In_Bearbeitung
      Gestoppt
      Geplant                                           o
        Grob
          Vorgesehener_Bearbeitungszeitraum
          Spätest_möglicher_Endtermin
          Zeitbedarf
          Prioritätsstufe
        Fein
          Anfangsdatum_und_Zeit
    Vermerk
```

In Anlehnung an die Terminierung eines Fertigungsprozesses im Produktionsbereich einer Unternehmung soll zwischen der Grob- und Feinterminierung einer geplanten Aufgabenerfüllung unterschieden werden (zur Fertigungsterminierung vgl. z.B. Hoitsch, S. 228ff; Schiemenz, S. 117ff). Während die Feinterminierung als detaillierte Wochenplanung gehandhabt werden kann, erstreckt sich die Grobterminierung auf längere Zeiträume, wie z.B. Monate oder Quartale. Sie ordnet grob eine zukünftig zu erfüllende Aufgabe z.B. einer beliebigen Woche des übernächsten Quartals zu. Dazu bestimmt die Grobterminierung den spätest möglichen Endtermin der Aufgabenerfüllung, errechnet den Zeitbedarf zur Erfüllung der Aufgabe und gelangt so zu einem zukünftigen Bearbeitungszeitraum. Außerdem belegt sie die eingeplante Aufgabe mit einer Prioritätskennziffer, um innerhalb der nachgeordneten Feinplanung Terminkollisionen auszuschließen.

Die Summe der mit diesen Attributen gekennzeichneten Grobtermine werden dann z.B. vierzehntägig oder zu Beginn einer jeden Woche von der Feinterminierung übernommen. Sie ordnet diesen Grobterminen ein konkretes Anfangsdatum innerhalb der bevorstehenden Woche zu.

Die folgende Abbildung stellt das Terminierungskonzept graphisch dar.

Die zur Abbildung der Fein- und Grobterminierung erforderlichen Attribute sind in der Datentypstruktur in Abb. 3.2.1.3./1. wiedergegeben. Dabei nimmt das Attribut Vermerk Hinweise auf, die ein Aufgabenträger einer Aufgabenerfüllung zuordnet (z.B. Treffen mit einer Kontaktperson an einem bestimmten Ort, Wiedervorlage eines Dokumentes bei Wiederaufnahme einer unterbrochenen Aufgabenerledigung etc.). Zudem kann der Benutzer Besonderheiten der Aufgabenerfüllung vermerken, die von der Definition einer regulären Aufgabenerfüllung durch Prozedurregeln im Datentyp Büroaufgaben abweichen.

3.2.2. Objekte der Büroarbeit

Informationen stellen die Objekte der Büroarbeit dar. Informationen werden repräsentiert durch Symbole, die der menschlichen Wahrnehmung zugänglich sind. Als Sammelbegriff wahrnehmbarer Fixierungen von Informationen unterschiedlicher Art ist der Begriff "Dokument" in die Literatur eingegangen, der hier ebenfalls verwendet werden soll. Ein Dokument besitzt zwei Eigenschaften:

3.2.1.3./2. Grob- und Feinterminierung

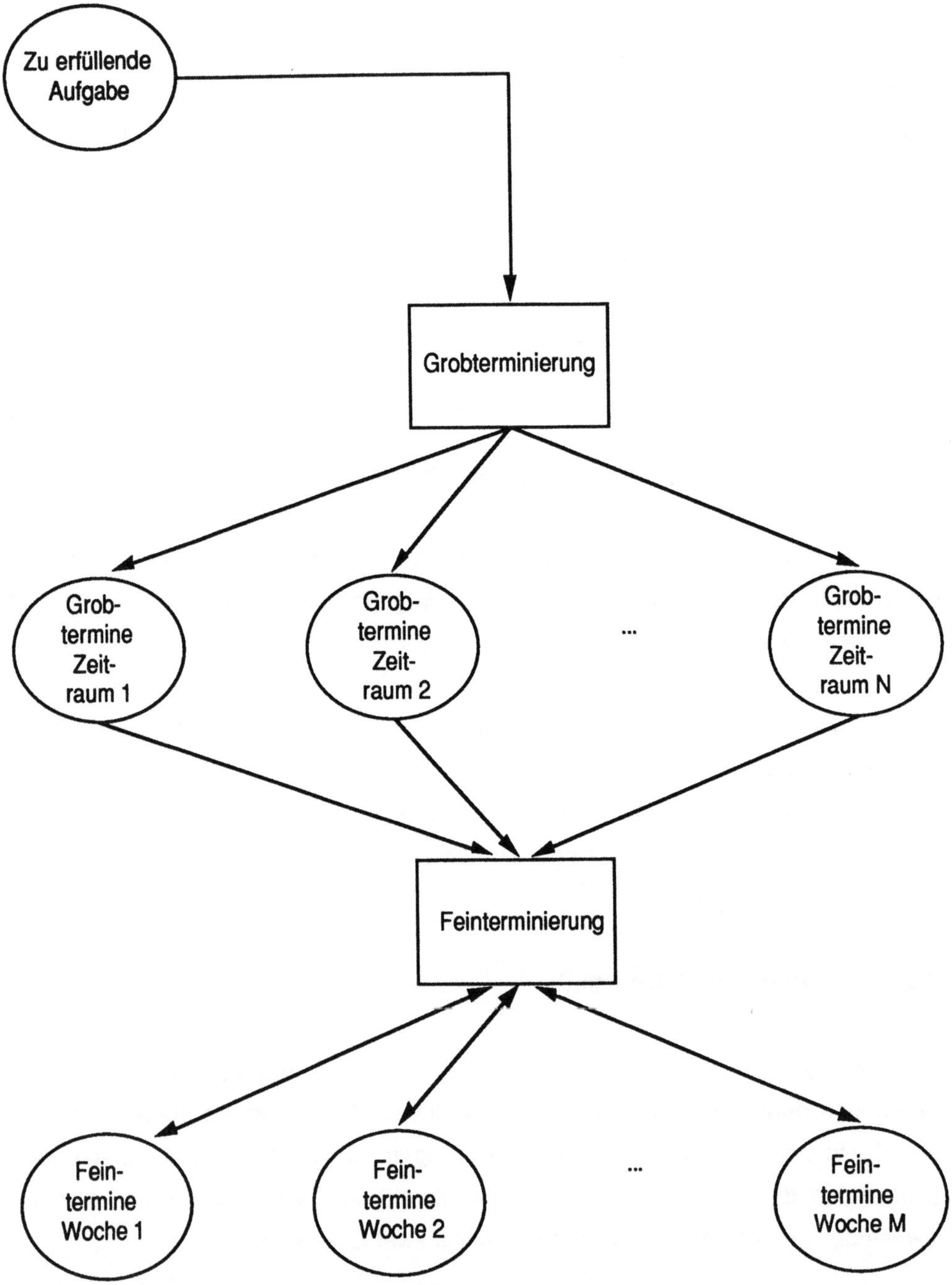

- Es ist "die materielle Einheit eines Trägers" von Informationen (DIN 31631, S. 2).

- Es kann unter inhaltlichen Aspekten zusammengehörend betrachtet werden, obwohl es physisch aus mehreren Objekten besteht (vgl. DIN 31623, S. 2). Als ein Dokument kann z.B. sowohl ein ganzes Buch als auch ein daraus entnommenes Zitat angesehen werden.

In Übertragung des Dokumentenbegriffes auf die Büroarbeit wird eine beliebige Fixierung von Informationen zu einer inhaltslogischen Einheit unter einem Dokument zusammengefaßt. Dabei soll von einem konkreten physischen Medium abstrahiert werden. So kann z.B. die Dokumentenausprägung "Brief" oder "Formular" sowohl papiergebunden als auch durch ein anderes Medium dargestellt werden (z.B. als Mikrofilm, als Datei auf einem elektronischen Speichermedium, als Bildschirmmaske).

3.2.2.1. Dokumententypen

Es wird angenommen, daß jede Büroaufgabe - sowohl der unstrukturierte Einzelfalltyp als auch der strukturierte Aufgabentyp - begleitend oder im Ergebnis von der Benutzung eines Dokumentes gekennzeichnet ist. Die Dokumente übernehmen dabei die Rollen erforderlicher Arbeitsobjekte und produzierter Arbeitsergebnisse.

In Kap. 3.2.1.1. wurde bei der Diskussion von Prozedurregeln auf die Initiierung von Aufgaben durch Vorbedingungen und den Vollzug anhand von Nachbedingungen hingewiesen. Da das Ziel der Arbeit in dem Entwurf eines allgemeinen Datenmodells besteht, sollen Vor- und Nachbedingungen auf das Vorhandensein bestimmter Datenkonstellationen zurückgeführt werden: Jede Aufgabe basiert im Sinne erforderlicher Arbeitsobjekte als auch produzierter Arbeitsergebnisse auf einer typkonformen Bearbeitung eines/mehrerer eindeutigen/eindeutiger Dokumententyps/Dokumententypen (vgl. folgende Abbildung).

3.2.2.1./1. Dokumententypabhängige Bearbeitung durch Büroaufgaben

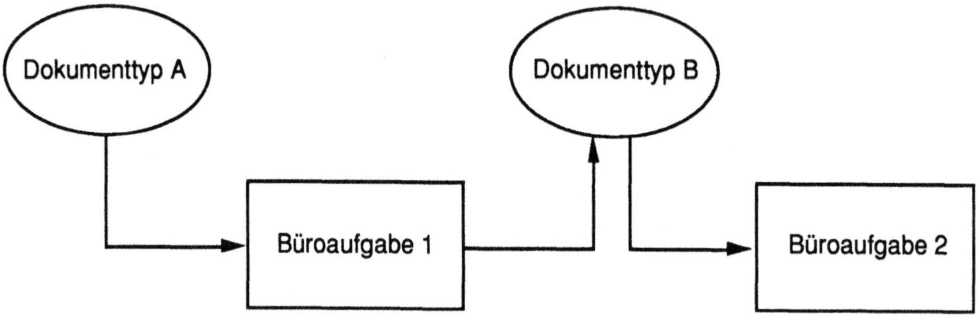

Wie bereits beispielhaft in Kap. 3.2.1.2. gezeigt, können auch Bürovorgänge über die Bearbeitung dokumententypkonformer Arbeitsergebnisse abgebildet werden: nachgelagerte Teilaufgaben erwarten und basieren auf Dokumententypen vorgelagerter Teilaufgaben im Sinne erforderlicher Eingangsinformationen.

Es werden die Datentypen Dokumententypen, Arbeitsobjekte und Arbeitsergebnisse in das Modell aufgenommen.

Abb. 3.2.2.1./2. beschreibt die Struktur dieser Datentypen.

3.2.2.1./2. Struktur der Datentypen Dokumententypen, Arbeitsobjekte und Arbeitsergebnisse

Dokumententypen	*
Dokumenttyp	
<u>Dokumenttypnr</u>	
Beschreibung	
Benutzungsregeln	
Dokumententypgruppe	o
Geschäftlicher_Bezug	
Unternehmungsinterner_Bezug	
Unternehmungsexterner_Bezug	

Arbeitsobjekte	*
Arbeitsobjekt	
<u>Arbeitsobjektnr</u>	
Büroaufgabennr	->Büroaufgabe
Dokumenttypnr	->Dokumenttyp

Arbeitsergebnisse	*
Arbeitsergebnis	
<u>Arbeitsergebnisnr</u>	
Büroaufgabennr	->Büroaufgabe
Dokumenttypnr	->Dokumenttyp

Zwischen den Datentypen Dokumententypen und Arbeitsobjekte besteht eine multiple Beziehung: eine Aufgabe kann mehrere Arbeitsobjekte benötigen, ein Dokumententyp kann in mehreren Büroaufgaben Eingang finden.

Zwischen den Datentypen Dokumententypen und Arbeitsergebnisse wird aus Gründen der Vermeidung von organisatorischen Doppelspurigkeiten nur eine einfache Beziehung zugelassen: eine Büroaufgabe kann zwar mehrere, jedoch eindeutige Dokumententypen erstellen.

Das Attribut Dokumententypgruppe des Datentyps Dokumententypen ordnet einen Dokumententyp einer bestimmten Typkategorie zu. Es wird an dieser Stelle als eine mögliche Gliederungsstruktur von Dokumententypen eine Gruppenbildung vorgeschlagen, die sich an dem Inhalt eines Dokumentes orientiert. Anhand des kommunikativen und adressatspezifischen Bezuges eines Dokumentes lassen sich folgende drei Dokumententypgruppen unterscheiden:

- Der Bezug zur geschäftlichen Tätigkeit
  Dokumente dieses Typs entstehen als Voraussetzung oder als Ergebnis des Bestrebens einer Unternehmung, eine Marktleistung anzubahnen oder zu erbringen ("Geschäftsdokumente").

- Der Bezug zum unternehmungsinternen Geschehen
  Dokumente dieses Typs unterstützen und/oder ermöglichen das unternehmungsinterne Geschehen. Absender und Adressat dieses Dokumententyps befinden sich innerhalb der Unternehmung.

- Der Bezug zum unternehmungsexternen Geschehen
  Dokumente dieses Typs decken und ergänzen den Informationsbedarf unternehmungsinterner Entscheidungsträger im Rahmen der Aufgabenerfüllung um unternehmungsexterne, nicht notwendigerweise geschäftsbedingte Informationen.

Im folgenden sollen die drei Dokumentengruppen auf mögliche Ausprägungen hin untersucht werden. Diese Dokumente verweisen auf unterschiedliche durch Büroarbeit zu bearbeitende Informationen.

(1) Dokumentengruppe Geschäftsdokumente

Als Grundlage einer Klassenbildung von Geschäftsdokumenten kann eine Gruppierung ihrer möglichen Adressaten herangezogen werden. Diese Gruppenbildung gilt nicht nur für Dokumente, die innerhalb der Unternehmung erstellt und an externe Geschäftspartner versendet werden. Auch für Geschäftsbriefe, die die Unternehmung von außen erreichen, wird die Gruppierung angenommen.

Die Unternehmung pflegt mit verschiedenen Partnern in ihrer Umwelt Kontakt. In dieser geschäftlichen Umwelt lassen sich vor allem die Klassen der

- Debitoren,
- Kreditoren,
- Behörden,
- Geldinstitute,
- Versicherungen,
- Verbände,
- Arbeiter und Angestellte

(vgl. Böhrs, S. 68; Ulrich, S. 67; Ulrich/Krieg, S. 71) als Kommunikationspartner ausmachen. Anhand der mit diesen Gruppen im Normalfall bestehenden Informations- und Kommunikationsbeziehungen hat das Büroinformationssystem insb. folgende Dokumentengruppen zu bearbeiten: Rechnung, Bestellung, Mahnung, Auftragsbestätigung, Offerte, Vertrag, Antrag, Bescheid, Kontoauszug und Gehaltsabrechnung.

(2) Dokumentengruppe Internes Dokument

In dieser Gruppe sollen die Dokumententypen Organisatorische Anweisung, Bericht, Protokoll, Notiz und Formular zur Beschreibung des Inhaltes eines Internen Dokumentes unterschieden werden.

Eine organisatorische Anweisung ist die Mitteilung eines Vorgesetzten an eine Reihe von unterstellten Mitarbeitern. Sie determiniert die Aufgabenerfüllung der Mitarbeiter, indem sie einheitlich Lösungen zu bestimmten, u.U. erst in der Zukunft auftretenden Fällen festlegt.

Ein Bericht ist das Ergebnis einer Studie über organisationsinterne Zustände beliebiger Art. In einem Bericht äußern sich Untersuchungsergebnisse, Stellungnahmen, Vorschläge etc.. Der Bericht hat neben einem direkten mehrere potentielle Adressaten, da er auch über den Zeitpunkt der Erstellung hinaus organisationsinterne Gegebenheiten widerspiegelt.

Auch das Protokoll dient dem Zweck, im nachhinein über Tatbestände zu informieren. Während ein Bericht aber durchaus Meinungen des Erstellers wiedergeben kann, zielt das Protokoll auf eine eher objektive Form der Wiedergabe ab (vgl. Appel/Rühling, S. 167). Insbesondere bildet eine organisationsinterne oder -externe Sitzung den Gegenstand eines Protokolls.

Unter einer Notiz soll ferner eine Dokumentenform verstanden werden, die in erster Linie für den persönlichen Gebrauch eines Mitarbeiters und nicht nur für die innerbetriebliche Kommunikation benutzt wird. Innerhalb einer Notiz vermerkt ein Mitarbeiter aufgabenrelevante Tatbestände. Die Notiz hat zwischenspeichernden Charakter. Sie überbrückt ohne besondere Formvorschriften eine zumeist kurzfristige Zeitspanne, die zwischen der Wahrnehmung der zu notierenden Information und ihrer Verwendung liegt. Als Beispiel für diese Dokumentenform kann eine Gesprächsnotiz betrachtet werden, die den Inhalt eines Telefongesprächs aufzeichnet.

Als zusätzlicher Typ eines Internen Dokumentes soll schließlich das Formular festgehalten werden. Im Gegensatz zu den bereits erwähnten Dokumententypen, die weitgehend ohne besondere Formvorschriften erstellt werden, kennzeichnet das Formular eine formalisierte innerbetriebliche Kommunikation. Es erfüllt in einer Form die Funktion eines Arbeitsobjektes und einer Arbeitsanweisung (vgl. Müller-Pleuss, Sp. 2534). Das Formular besitzt die Eigenschaft der "Ergänzung durch Beschriftung" (Kreuser/Friedrich, S. 126). Durch das fragegeleitete Ausfüllen eines Formulars wird innerhalb eines angestrebten Kommunikationsprozesses dasjenige Maß an Vollständigkeit und Präzision erreicht, das eine nachgelagerte Stelle als Adressat des Formulars zur Benutzung und Weiterverwendung desselben benötigt.

Der durch ein Formular vermittelte Sachverhalt kann vielfältiger Natur sein. Es dominiert der Einsatz im Rahmen von Anwendungen mit Antrags- und Genehmigungsvorgängen.

(3) Deskriptorengruppe Externe Darstellung

Auch unternehmungsexterne Dokumente, die nicht durch einen beabsichtigten geschäftsbedingten Kommunikationskontakt eines externen Absenders in die Unternehmung gelangt sind, können zum Gegenstand der Informationsverarbeitung durch Büroarbeit werden. Externe Darstellungen decken den unternehmungsinternen Informationsbedarf an Fachwissen ab, der Grundlage für die gegenwärtige und zukünftige Existenz der Unternehmung ist.

Der Zweck für die Benutzung dieser Dokumente liegt darin, Informationen aus ihnen zu gewinnen. Im Gegensatz zu den beiden anderen Dokumentenklassen des Geschäftsdokumentes und des Internen Dokumentes werden Externe Darstellungen durch Büroarbeit deshalb auch eher verwaltet als erstellt.

Inhalt Externer Darstellungen sind Informationen, die einer organisatorischen Umwelt entstammen, zu der nicht notwendigerweise aufgrund des laufenden Geschäftsbetriebes Beziehungen bestehen oder angestrebt werden.

In diesem Sinne können die Dokumententypen Buch, Zeitschrift, Staatliche Publikation, Publikation von Verbänden, Publikation von Privatunternehmung unterschieden werden.

Die Dokumententypen Buch und Zeitschrift verweisen auf Dokumente, die vor allem objektives Fachwissen begründen. Demgegenüber kennzeichnen die zusätzlichen Dokumententypen Publikationen des Staates, von Verbänden oder von Privatunternehmungen, in denen durchaus Sachverhalte mit subjektiven Wertungen wiedergegeben werden können. Zu diesen Dokumenten zählen z.B. Gesetzestexte, Wirtschaftsberichte, Wirtschaftsprognosen oder auch Jahresabschlüsse von Konkurrenzunternehmungen.

Abbildung 3.2.2.1./3. faßt die bisherigen Ausführungen zusammen. Die Abbildung ist als ein grobes Raster zur Gruppierung des Inhaltes von Dokumenten zu verstehen, das an individuelle Bedürfnisse angepaßt und um weitere qualifizierende Merkmalsbeschreibungen erweitert werden muß.

3.2.2.1./3. Dokumentengruppen

Dokumentengruppe Geschäftlicher Bezug	Dokumentengruppe Unternehmungsinterner Bezug	Dokumentengruppe Unternehmungsexterner Bezug
Rechnung	Organisat. Anweisung	Buch
Bestellung	Bericht	Zeitschrift
Mahnung	Protokoll	Staatliche_Publikation
Auftragsbestätigung	Notiz	Pub_von_Verbänden
Offerte	Formular	Pub_Privatunternehmung
Vertrag	Sonst_Int_Dok	Sonst_Ext_Dok
Antrag	...	...
Bescheid		
Kontoauszug		
Gehaltsabrechnung		
Sonst_Gesch_Brief		
...		

3.2.2.2. Komposition von Dokumententypen

Dokumententypen müssen zum Zwecke der standardisierten Reproduzier- und Nutzbarkeit in erforderliche Bestandteile strukturiert werden. Es sollen Komponenten unterschieden werden, die einerseits die Form und andererseits den Inhalt strukturieren.

- Formatbezogene Strukturierung

  Eine Reihe von wiederholt zu erstellenden Dokumententypen vor allem textorientierter Natur unterliegt definierten Formatvorschriften wie z.B. Zeilenabstand und Schriftbreite, Satzspiegel, linker und rechter Rand, Flattersatz oder Blocksatz etc.. Zu den derartig genormten Dokumentenarten gehören z.B. an einer Hochschule Dissertationen oder Forschungsberichte, in einem Zeitschriftenverlag Publikationen wie Artikel oder Bücher sowie sonstige unternehmungsspezifische Standards für diverse interne Berichte.

- Inhaltliche Strukturierung

  Hinsichtlich einer inhaltlichen Strukturierung von Dokumententypen sollen zwei Möglichkeiten unterschieden werden: Attributdefinitionen und (Text-)Bausteine.

  - Attributdefinitionen

    Im vorherigen Kapitel wurden bereits mögliche Ausprägungen von Dokumententypen diskutiert. Falls mit diesen gleiche oder ähnliche Objekte der organisatorischen Realität beschrieben werden sollen, die häufig und in großer Anzahl wiederkehren (z.B. Lieferantenrechnungen), können eindeutige Merkmale bzw. Attribute bestimmt werden, die den Inhalt eines Dokumententyps strukturieren bzw. anhand denen der Inhalt beschrieben werden soll. Bei Dokumenttypen mit formatiertem Inhalt erfolgt diese Strukturierung üblicherweise durch Definitionen von Attributen einer Datensatzbeschreibung (vgl. auch Kap. 3.2.3.2).

- Bausteine
  Vor allem oft reproduzierte textorientierte Dokumententypen lassen sich in Bausteine zergliedern. Ein Baustein stellt eine Information mit konstantem Inhalt in einer definierten Form dar. Der Baustein kann neben Text aus beliebigen anderen Informationsarten aufgebaut sein. Als Beispiele für Bausteine seien erwähnt:

  - die Formulierung einer Mahnung an säumige Kunden oder der Wortlaut einer Einladung als ein textorientierter Baustein oder

  - ein Briefkopf (bestehend aus einem graphischen Firmensignet und der Absender-Anschrift der Unternehmung), der bei der Erstellung von Geschäftsbriefen automatisch ausgedruckt wird.

Abb. 3.2.2.2./1. kennzeichnet die Struktur der Datentypen Komponenten und Zusammensetzungen, die die Strukturierung von Dokumententypen wiedergeben.

Das Attribut Komponenteninhalt beschreibt entweder den definierten Bausteininhalt (i.d.R. Textkonstanten) oder die Bezeichnung einer Attributdefinition (z.B. "Kundenname" zur Beschreibung des Absenders eines Dokumentes vom Typ Lieferantenrechnung). Das Attribut Komponentenzweck umschreibt die Bedeutung sowie den Einsatz- und Anwendungsbereich der Komponente (z.B. Regeln, wann welche Mahntextformulierung/Attributdefinition zu benutzen ist). Das Attribut Formatbeschreibung beschreibt Darstellungsformate einer Komponente (z.B. das Darstellungsformat einer Attributs zur Wiedergabe eines numerischen Sachverhalts).

Die beiden Datentypen Komponenten und Zusammensetzungen übernehmen vor allem bei der Beschreibung der inhaltlichen Struktur von Dokumententypen im Sinne einer Datensatzbeschreibung die Funktionen eines Data Dictionarys.

3.2.2.2./1. Struktur der Datentypen Komponenten und Zusammensetzungen

Komponenten	*
Komponente	
Komponentennr	
Komponenteninhalt	o
Baustein	
Attributdefinition	
Komponentenzweck	
Formatbeschreibung	

Zusammensetzungen	*
Zusammensetzung	
Dokumenttypnr	->Dokumenttyp
Komponentennr	->Komponente

3.2.2.3. Dokumentenexemplare

Zu jedem definierten Dokumententyp existieren in der betrieblichen Realität mehrere Exemplare. Diese werden durch den Datentyp Dokumentenbestand beschrieben (vgl. Abb. 3.2.2.3./1.).

Neben einer eindeutigen Dokumentnummer enthält der Datentyp zunächst das Attribut Dokumentinhalt. Dieses verweist auf die textliche oder durch eine andere Informationsart vermittelte Quellinformation des Dokumentes. Bei einer textlichen Quellinformation enthält es den textlichen Wortlaut (z.B. bei einem Dokument vom Typ Zeitschriftenaufsatz den Aufsatztext). Bei einem Dokument, dessen formatierter

Inhalt anhand einer speziellen Attributdefinition abgelegt werden soll (vgl. Datentypen Komponenten und Zusammensetzungen), verweist es auf die Ausprägungen der definierten Attributtypen (i.d.R. die Ausprägung einer dedizierten Datensatzbeschreibung). Zum Problemkreis dieses Verbundes vgl. Kap. 3.2.3.2. und 4.3.3.5..

Das Attribut Bearbeitungsstatus gibt an, ob ein Dokument zu einem bestimmten Zeitpunkt von einem Mitarbeiter bearbeitet wird. Damit wird ein weiterer Mitarbeiter, der das Dokument ebenfalls für seine Aufgabenerfüllung benötigt, auf eine aktuelle Benutzung des gesuchten Dokumentes hingewiesen.

Das Attribut Physische_Repräsentation gibt die konkrete physische Darstellungsform des Dokumentes an (z.B. Mikrofilm, Bildschirmmaske, Ausdruck auf Papier etc.).

Das Attribut Verfasser benennt den Ersteller des Dokumentes, vor allem, falls dieses außerhalb der Unternehmung erstellt wurde (z.B. Fachliteratur). Das Attribut Dokumentinhaber verweist auf den Inhaber des Dokumentes im Sinne einer Person, die für wichtige Änderungen am Zustand des Dokumentes verantwortlich ist (z.B. für die Vergabe einer Zugriffserlaubnis, für die Freigabe zum Löschen oder für eine Manipulation).

Desweiteren kennzeichnet die Datenstruktur das Datum der Erstellung des Dokumentes. Anhand dieses Attributes wird die Altersstruktur des Dokumentenbestandes überschaubar. Das Attribut dient einerseits dazu, Aufbewahrungsfristen von Dokumenten zu beachten, die z.T. gesetzlich vorgegeben sind, andererseits ist ein übermäßiges Anwachsen des Dokumentenbestandes durch kaum benutzte oder veraltete Dokumente kontrollierbar.

Das Attribut Ablageort beschreibt den Aufbewahrungsort des Dokumentes. Dabei kann es sich einerseits um eine physische Ablage (z.B. in einem Ordner oder einem Regal bei einem Aufgabenträger) oder um eine elektronische Ablage (z.B. ein Subdirectory auf einem File-Server) handeln.

3.2.2.3./1. Struktur des Datentyps Dokumentenbestand

- Dokumentenbestand *
  - Dokument
    - Dokumentnr
    - Dokumenttypnr ->Dokumenttyp
    - Dokumentinhalt
    - Physische_Repräsentation
    - Bearbeitungsstatus o
      - In_Bearbeitung
      - Zur_Bearbeitung_vorgemerkt
        - Mitarbeiternr ->Mitarbeiter
    - Verfasser
    - Dokumentinhaber
      - Mitarbeiternr ->Mitarbeiter
    - Ablageort
    - Erstellungsdatum
    - Bemerkung
    - Durchgeführte_Benutzungen *
      - Benutzung
        - Mitarbeiternr ->Mitarbeiter
        - Tätigkeitsnr ->Arbeitsprotokoll
        - Art_der_Benutzung o
          - Update
          - Create
          - Read
          - Delete

Durchgeführte Benutzungen eines Dokumentes werden ebenfalls festgehalten. Ein Vermerk kennzeichnet dabei die verändernde, erstellende, lesende oder löschende Benutzung eines Dokumentes durch einen Mitarbeiter im Rahmen einer bestimmten Aufgabe. Dadurch wird es möglich, im nachhinein eine Aufgabenerfüllung anhand der benutzten oder erstellten Dokumente nachzuzeichnen. Die Nachvollziehbarkeit der geschäftlichen Tätigkeit wird damit gewährleistet.

Ferner führt der Datentyp das Attribut Bemerkung, in dem Vermerke über das Dokument enthalten sind. Die Bemerkung kann z.B. eine Kurzbeschreibung des Dokumenteninhaltes sein ("Abstract") oder ein Querverweis auf ein anderes Dokument (z.B. "Antwort auf Schreiben XY") darstellen. Gerade die Beschreibung von Querverweisen und Beziehungen zwischen Dokumenten hat in der betrieblichen Realität eine große Bedeutung:

- Dokumente nehmen Bezug auf andere Dokumente, indem sie z.B. Ergebnisse anderer Dokumente verfeinern oder zusammenfassen.

- Änderungen in einem Dokument machen u.U. Änderungen in Folgedokumenten erforderlich, z.B. muß bei Änderung eines Kapitelnamens in einem Aufsatz zugleich das Inhaltsverzeichnis geändert werden.

Die folgende Abbildung stellt beispielhaft Beziehungen zwischen Dokumententypen im Bürobereich dar:

- Ein Mitarbeiter ersieht seinem Terminplan ein Treffen mit einem Vertreter einer Fa. Maier. Dieser Eintrag ist aufgrund eines Schreibens dieser Firma zustande gekommen, in dem der Vertreter zur Planung weiterer Zusammenarbeiten sein Kommen ankündigt.

- Die bisherige Zusammenarbeit besteht in einer Bestellung des Kunden. Dieser Bestellung ist ein Briefwechsel über Anfrage und Offertestellung mit dem Kunden vorausgegangen.

3.2.2.3./2. Beziehungen zwischen Dokumenten

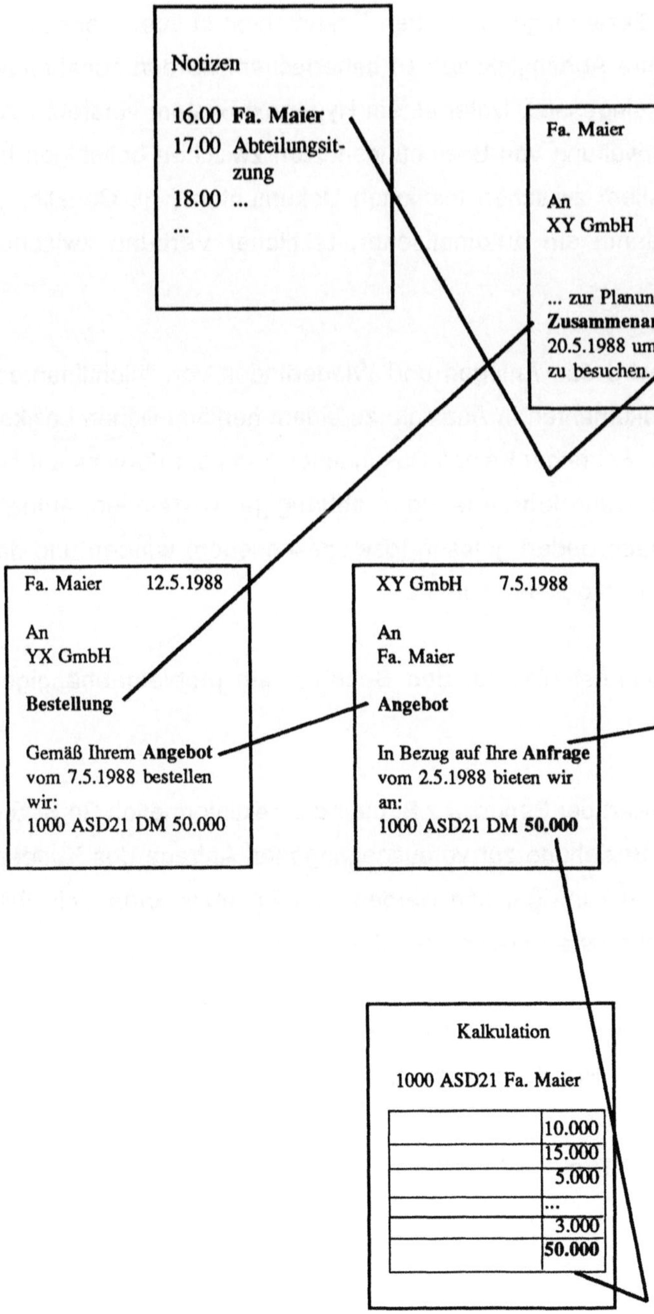

- Das dem Kunden offerierte Angebot basiert auf einer seperaten Kalkulation seiner Nachfrage.

Um die Menge derartiger Beziehungen zwischen Dokumenten in ihrer Gesamtheit zu handhaben und insb. ihre Abhängigkeiten zu beherrschen, werden zunehmend sog. "Hypertext"-Systeme eingesetzt. Unter einem Hypertext-System versteht man die computergestützte Verwaltung von Beziehungsnetzen zwischen beliebigen Informationsobjekten, vor allem zwischen textlichen Dokumenten (vgl. Conklin, S. 17f.). Im Dialog findet damit ein automatischer, textlicher Verbund zwischen Dokumenten(-teilen) statt.

Mit Hypertext-Systemen wird das Anlegen und Wiederfinden von "nichtlinearen" Beziehungen zwischen Dokumenten in Analogie zu einem herkömmlichen Lexikon möglich: beim Lesen (bzw. Schreiben) eines Dokumentes kann ein Verweis auf ein anderes Dokument, das weiterführende oder abhängige Textstellen enthält, aktiviert werden, dieses nach Bedarf gelesen (bzw. geschrieben) werden und danach zum Ausgangstext zurückgekehrt werden.

Für das o.a. Beispiel bedeutet dies für den Benutzer ein problemabhängiges Routing durch Dokumente:

- Vom Angebot aus aktiviert der Benutzer z.B. über die Textinformation "In Bezug auf Ihre Anfrage" die Beziehung zur vorausgegangenen Anfrage des Kunden. Diese wird geladen und kann gelesen werden. Der Benutzer kann sich über den Hintergrund des offerierten Angebotes informieren.

- Vom Angebot aus kann der Benutzer z.B. über die Textinformation "Preis: 50.000" den Verbund zur Preiskalkulation aktivieren und diese nachvollziehen.

Beispiele für kommerzielle Hypertext-Systeme sind "Rochade" , "Hypercard" oder "Guide".

3.2.3. Dokumentenzustände

Das Dokument erfüllt im wesentlichen drei Funktionen:

- Es ist Arbeitsobjekt: es stellt Informationen während der Aufgabenerfüllung bereit.

- Es ist Arbeitsergebnis: in einem Dokument manifestiert sich das Ergebnis einer Aufgabenerfüllung.

- Es ist verbindendes Element zwischen Teilaufgaben eines/mehrerer Aufgabenträgers/-träger.

Demzufolge kann ein Dokument in unterschiedlichen Zuständen zum Gegenstand von Büroarbeit werden:

- Als Nachrichtengegenstand transportiert es Informationen an den Ort der Aufgabenerfüllung, reicht ein Teilergebnis an einen anderen Mitarbeiter weiter oder liefert Informationen in die organisatorische Umwelt.

- Als abgelegtes Dokument speichert es externe Informationen oder eigene Arbeitsergebnisse, die einem Aufgabenträger zu einem späteren Zeitpunkt wieder zur Verfügung gestellt werden müssen.

Diese unterschiedlichen Zustände, die ein Dokument annehmen kann, verdeutlichen zwei Hauptaufgaben der Büroarbeit:

- die Wandlung eines Dokumentes zwischen den beschriebenen Zuständen sowie

- die Bereitstellung der Dokumente an Spezialwerkzeuge zur aufgabenbezogenen und dedizierten Nutzbarmachung enthaltener Informationen.

Die genannten Dokumentenzustände werden nachfolgend diskutiert.

3.2.3.1. Nachrichtenkommunikation

Die vielfältigen Kommunikationsbeziehungen innerhalb einer Organisation sollen auf die folgenden drei Grundmuster abgebildet werden:

1. Versand einer Nachricht zur Aufgabeninitiierung
2. Versand von Nachrichten zur Terminerinnerung
3. Versand von Dokumenten

ad 1) Versand einer Nachricht zur Aufgabeninitiierung

Der innerbetriebliche Nachrichtenversand kann die Funktion der Initiierung von Aufgaben bei einem Mitarbeiter übernehmen - wie bereits bei der Diskussion der aktionsorientierten Datenverarbeitung erwähnt wurde.

Gemäß den bisherigen Modellannahmen erfolgt damit bei Abschluß einer Büroaufgabe ein (automatischer, auf einem Electronic-Mail-System basierender) Versand einer Vollzugsmeldung an den/die Mitarbeiter, die das erstellte Arbeitsergebnis im Sinne eigener Arbeitsobjekte weiterverwenden.

Um diese Kommunikationen zu protokollieren, wird der Datentyp Vollzugsmitteilungen eingeführt. Abb. 3.2.3.1./1 stellt die Struktur dieses Datentyps dar.

Die Empfänger produzierter Arbeitsergebnisse sind über die Datentypen Arbeitsobjekte, Büroaufgaben und Stellenzuordnungen definiert.

3.2.3.1./1. Struktur des Datentyps Vollzugsmitteilungen

Vollzugsmitteilungen *
    Vollzugsmitteilung
        <u>Vollzugsmitteilungsnr</u>
        Empfänger
            Mitarbeiternr ->Mitarbeiter
        Mitteilung_über_Abschluss_einer_Aufgabe
            Arbeitsergebnisnr ->Arbeitsergebnis
        Versanddatum

ad 2) Versand von Nachrichten zur Terminerinnerung

Neben Nachrichten über die erfolgte Erstellung benötigter Arbeitsergebnisse sollen Nachrichten über einzuhaltende Termine unterschieden werden, die von einem Mitarbeiter im Datentyp Arbeitsdurchführungen eingeplant wurden.

Ähnlich wie beim Versand von Hinweisen zur Aufgabeninitiierung soll es möglich sein, Terminhinweise ebenfalls (automatisch über ein Electronic-Mail-System) an Postfächer des entsprechenden Mitarbeiters zu versenden.

Zu diesem Zweck wird der Datentyp Terminhinweise eingeführt. Abb. 3.2.3.1./2. stellt die Struktur dieses Datentyps dar.

3.2.3.1./2. Struktur des Datentyps Terminhinweise

Terminhinweise *
  Terminhinweis
    Terminhinweisnr
    Adressat
      Mitarbeiternr ->Mitarbeiter
    Terminhinweis
      Tätigkeitsnr ->Arbeitsprotokoll
    Versanddatum

ad 3) Versand von Dokumenten

Eine Reihe von Kommunikationsbeziehungen erfordert den expliziten Versand von Dokumenten. So müssen z.B. Geschäftsbriefe an die organisatorische Umwelt versandt werden oder eingehende Geschäftsbriefe innerhalb einer Organisation an den entsprechenden Sachbearbeiter verteilt werden. Auch kann es erforderlich sein, fallweise in bestimmten Ausnahmesituationen Dokumente an andere Mitarbeiter zu versenden. Um diese Kommunikationsbeziehungen zu protokollieren, wird der Datentyp Dokumentenversendungen eingeführt.

Sowohl interne als auch externe Dokumentenversendungen können an mehrere, u.U. in Abhängigkeit bestimmter Inhalte verschiedene Adressaten durchgeführt werden. Diese Versendungen erfolgen dann i.d.R. im Rahmen definierter Verteilerlisten (Datentyp Verteilerbestand). Die Zuordung von Adressen zu Verteilerlisten ist im Datentyp Verteilerzugehörigkeiten beschrieben.

Abb. 3.2.3.1./3. gibt die Strukturen der Datentypen Dokumentenversendungen,

Verteilerbestand und Verteilerzugehörigkeiten wieder.

3.2.3.1./3. Struktur der Datentypen Dokumentenversendungen, Verteilerbestand und Verteilerzugehörigkeiten

Dokumentenversendungen	*
Dokumentenversand	
<u>Dokumentenversandnr</u>	
Absender	
Mitarbeiternr	->Mitarbeiter
Adressat	
Verteilernr	->Verteiler
Versanddatum	
Versandinhalt	
Dokumentnr	->Dokument
Bearbeitungshinweis	
Hinweisnr	->Bearbeitungshinweis

Verteilerbestand	*
Verteiler	
<u>Verteilernr</u>	
Zweck	

Verteilerzugehörigkeiten	*
Verteilermitglied	
<u>Verteilernr</u>	->Verteiler
<u>Adressennr</u>	->Adresse

Der fallweise Versand eines Dokumentes macht in aller Regel einen Hinweis des Absenders an den Adressaten über den Versand- und Verwendungszweck des Dokumentes erforderlich. Zu diesem Zweck soll einem Dokumentenversand ein Bearbeitungshinweis mitgegeben werden können (z.B. Hinweise auf eine beschleunigte oder besondere Bearbeitung eines Dokumentes).

Abb. 3.2.3.1./4. stellt die Struktur des Datentyps Bearbeitungshinweise dar.

3.2.3.1./4. Struktur des Datentyps Bearbeitungshinweise

Bearbeitungshinweise *
  Bearbeitungshinweis
    <u>Hinweisnr</u>
    Hinweistext

Dokumente, Terminhinweise und Vollzugsmitteilungen wurden als drei Typen von Kommunikationsinhalten bestimmt. Deren Versand wird in den entsprechenden Datentypen Dokumentenversendungen, Terminhinweise und Vollzugsmitteilungen beschrieben.

Für die Protokollierung des Empfangs eines dieser Nachrichten bei den jeweiligen Adressaten - sofern sie sich innerhalb der Organisation befinden - wird ergänzend der Datentyp Nachrichtenempfänge eingeführt (vgl. Abb. 3.2.3.1./5). Er zeichnet insb. das Datum auf, zu dem eine eingegangene Nachricht beim Empfänger gelesen wird.

3.2.3.1./5. Struktur des Datentyps Nachrichtenempfänge

Nachrichtenempfänge	*
Nachrichtenempfang	
Empfangsnr	
Versandgegenstand	o
Dokumentenversandnr	->Dokumentenversand
Terminhinweisnr	->Terminhinweis
Vollzugsmitteilungsnr	->Vollzugsmitteilung
Empfänger	
Mitarbeiternr	->Mitarbeiter
Lesedatum	

Der Versand von Dokumenten vor allem an unternehmungsexterne Kommunikationspartner basiert auf der Selektion von Adressen.

Der Datentyp Adressenbestand enthält die unternehmungsexternen Adressen von Kommunikationspartnern. Er weist zunächst die üblichen zur Beschreibung einer Adresse benötigten Adreßmerkmale auf: Name, Straße, Postleitzahl, Ort und Telefonnummer.

Das Attribut Öff_Komm_Nr steht ergänzend für Attribute, durch die die Erreichbarkeit des Adressaten innerhalb von öffentlichen Kommunikationsnetzen/ -diensten beschrieben wird, z.B. durch eine Datex-P-Nummer (NUI), eine Telex/ Teletex-Nummer und/oder eine Telefax-Nummer. Bei Verfügbarkeit des ISDN wird in Zukunft eine einzige Kommunikationsnummer ausreichen, um die kommunikative Erreichbarkeit des Adressaten wiederzugeben.

Es soll möglich sein, eine Adresse zu deskribieren. Diese Adreßkennzeichnungen können als zusätzliche kommentarartige Vermerke zu einer Adresse verstanden werden. Durch die Adreßdeskribierung werden sowohl geschäftsbezogene als auch persönliche Hinweise zu einer Adresse vermerkt. Sie drücken primär Kommentare und Urteile über die Adresse aus. Als Beispiele für Deskriptoren zur Kennzeichnung einer Adresse können angeführt werden:

- Berufsangabe bzw. Stellung einer natürlichen Person,

- Unternehmensgröße und Rechtsform der Unternehmung des Kommunikationspartners,

- Zugehörigkeit zu einer Branche oder einem Wirtschaftszweig,

- Kommentare über die erfahrene Produkt- oder Dienstleistungsqualität oder

- der Name eines Produktes oder einer Dienstleistung, das bzw. die von der Kontaktperson/-institution angeboten wird.

Die folgende Abbildung gibt die Struktur des Datentyps Adressenbestand wieder.

Wie erwähnt fliessen in einer Organisation vielfältige Nachrichten zwischen den Stellen. Eine wesentliche Leistung des Büroinformationssystems kann deshalb in Zukunft darin gesehen werden, anhand einer bei einem Aufgabenträger eingegangenen Nachricht automatisch eine Handlung abzuleiten. In diesem Zusammenhang seien Forschungen auf dem Gebiet der automatischen Bearbeitung eingehender Poststücke erwähnt.

Leistungen einer automatischen Posteingangsbearbeitung, die von einer automatischen Eingangs- und Weiterbearbeitung völlig frei gestalteter Schriftstücke bis hin zu solchen Dokumenten reichen, die unter Einhaltung bestimmter Formatkonventionen eingehen und vor allem auf Methoden der künstlichen Intelligenz basieren, beschreiben Schumann; Balzert, S. 128ff.; Mertens/Allgeyer, S. 705.

3.2.3.1./6. Struktur des Datentyps Adressenbestand

```
Adressenbestand                              *
  Adresse
    Adressennr
    Name
    Straße
    Postleitzahl
    Ort
    Telefon-Nr
    Öff_Komm_Nr
    Adressenart                              o
      Mitarbeiteradresse
        Mitarbeiternr                        ->Mitarbeiter
      Externe_Adresse
    Adreßkennzeichnungen                     *
      Adreßkennzeichnung
        Adreßdeskriptorbezeichner
```

Gegenwärtig werden vor allem die folgenden beiden Einsatzbereiche diskutiert:

- Automatische Weiterleitung und Verteilung eingehender (Papier-)Post
  Nach der Überführung des Posteingangs in eine elektronische Form (z.B. mittels Blattleser) findet eine automatische Vorklassifikation des Inhalts aufgrund formaler Kriterien (wie z.B. Absender, Empfänger, Betreffanmerkung, Unterzeichner) statt. Unter Beachtung normaler Konventionen über den Aufbau von Geschäftsbriefen (z.B. Absender oben links, Empfänger darunter oder im rechten oberen Drittel) wird der Brief nach den Ausprägungen der genannten Kriterien

durchsucht und daraufhin elektronisch an den unternehmungsinternen Adressaten weitergeleitet.

- Inhaltliche Vorverarbeitung und Deskribierung des Posteingangs
  Zumeist existiert zwischen dem Aufgabenträger und dem Absender des Posteingangs bereits ein Schriftwechsel. Über die Absenderadresse oder den Betreffhinweis können bereits abgelegte Schriftstücke automatisch gesucht und deren Deskriptoren - vor allem wenn sie dem Dokumententext entstammen - mit dem eingegangenen Schriftstück verglichen werden. Bei Übereinstimmungen schlägt das System die entsprechenden Deskriptoren auch zur Kennzeichnung des aktuellen Posteingangs vor. Dadurch wird der Posteingang sachlich einer Aufgabenerfüllung zugeordnet.

3.2.3.2. Dokumentenablage und -suche

In Kap. 3.2.2.3. wurde die Struktur des Datentyps Dokumentenbestand primär in formaler Hinsicht entwickelt. Für die Ablage und Suche von Dokumenten müssen zusätzlich inhaltliche Gesichtspunkte herangezogen werden können. Zu diesem Zweck muß der Dokumenteninhalt beschrieben werden.

Ein Großteil der Dokumente, die bei Büroarbeit anfallen, weist allein oder ergänzend selbsterklärende (textliche) Informationen auf. Die Speicherung dieser Informationen kann bzw. muß hierbei formatfrei erfolgen.

Beispiel: Ein Dokument, das neue Telekommunikationsdienste beschreibt, enthält die Aussage:

"Bildschirmtext ... ist ein Informations- und Kommunikationsdienst der DBP, bei dem Teilnehmer elektronisch gespeicherte ... Informationen abrufen, DV-Leistungen ... in Anspruch nehmen sowie Mitteilungen ... übermitteln können. Hierzu werden öffentliche Fernmeldedienste (Fernsprechnetz und Datex-P- Netz) zur Übertragung und Farbfernsehbildschirme ... zur Wiedergabe verwendet" (Hansen, S. 700).

Mögliche Deskriptoren dieser Information sind z.B. "Bildschirmtext", "DBP", "Mailing", "Datex-P" und "Fernsehgerät". Diese Deskriptoren tragen allein zur Inhaltskennzeichnung bei und brauchen nicht durch qualifizierende Merkmale wie z.B. "Benutztes Netzwerk: Datex-P" ergänzt zu werden.

Entsprechend den Unterschieden bei der Speicherung formatierter bzw. numerischer und textorientierter Informationen sind Ordnungssysteme entstanden, die Regeln für die Erschließung eines Dokumenteninhaltes vorgeben. Zwei Tendenzen stehen sich hier gegenüber:

- Datensatzbeschreibungen und

- Verfahren der Literaturdokumentation

(1) Datensatzbeschreibungen

Aus der traditionellen Datenverarbeitung heraus sind Datensatzbeschreibungen entstanden, die Regeln für die Erschließung vor allem numerischer Informationen entwickelt haben. Mit ihnen werden betriebliche Vorgänge, die in ähnlicher Weise wiederholt anfallen, in einer eindeutigen Beschreibung festgehalten.

Beispiel: Eine Rechnung wird durch die Attribute Rechnungsnummer, Rechnungsposten und Rechnungssumme deskribiert (vgl. Kap. 3.2.2.2. und den dort definierten Datentyp Komponenten).

(2) Verfahren der Literaturdokumentation

Die Erschließung eines textorientierten Dokumenteninhaltes erfolgt allgemein dadurch, daß dem Dokument sog. Deskriptoren zugeordnet werden. Unter Deskriptoren sind "Benennungen, die für sich allein verwendbar zur Inhaltskennzeichnung geeignet" (DIN 31623, S. 2) sind, zu verstehen. Aus der Literaturdokumentation sind verschiedene Verfahren der Deskriptorenordnung und -vergabe bekannt. Diese können auch auf die Ablage von Bürodokumenten angewendet werden, die neben numerischen auch andere Informationsarten enthalten. Drei bekannte Verfahren sollen im folgenden kurz vorgestellt und auf ihre Praktikabilität im Rahmen eines Büroinformationssystems untersucht werden.

- Klassifizierung von Dokumenten

  Basis der Klassifizierung von Dokumenten bildet die hierarchische Ordnung der abzulegenden Dokumente anhand eines Ablageschemas, das ein Sachgebiet nach einer zumeist baumartigen Struktur zergliedert (vgl. Gebhardt, S. 43f.). Ein Dokument wird indexiert, indem es inhaltlich in das hierarchische Klassifikationssystem eingereiht und demzufolge nur mit einem Deskriptor belegt wird. Der Deskriptor verweist auf den Ort innerhalb des Klassifikationsschemas, an dem das Dokument abgelegt wird. Damit findet eine eindeutige Einordnung innerhalb des Klassifikationsschemas statt.

  Das Prinzip der Klassifikation von Dokumenten liegt bspw. der Ablage von Dokumenten nach einem Aktenplan zugrunde. Der Aktenplan ist eine festgelegte Gliederung von Aufgaben bzw. Geschäftsvorfällen einer Organisation bzw. Organisationseinheit (vgl. Kreuser/Friedrich, S. 47). Er weist einem Dokument einen Platz innerhalb des Schemas von Geschäftsvorfällen zu.

- Computergestützte inhaltliche Analyse des Dokumentes

  Bei Verfahren der inhaltlichen computergestützten Analyse eines Dokumentes (vgl. Mertens/Schrammel, S. 152f.) wird versucht, die zur Beschreibung des Inhaltes erforderlichen Deskriptoren aus dem Dokument selbst zu gewinnen. Die sog. Freitext-Indexierung unterteilt einen Dokumententext dazu zunächst in die einzelnen Wörter. Diese stellen Deskriptorenkandidaten dar. Mit Hilfe einer Stoppwortliste werden diejenigen Wörter ausgeschieden, die nicht zur Inhaltskennzeichnung beitragen (z.B. Artikel). Die verbleibenden Wörter bilden die Deskriptoren des Dokumentes. Auf der Freitext-Indexierung bauen z.B. die Systeme "STAIRS" (vgl. IBM, 1) und "PASSAT" (vgl. Hahn/Hoffmann) auf.

In einer Variante dieses Verfahrens wird der Nachteil der Zersplitterung des Deskriptorenbestandes in die möglichen Flexionsformen eines Wortes (z.B. Buch, Bücher, Buches) zu umgehen versucht. Durch eine linguistische Analyse der Stichwörter werden die Deskriptoren auf einen Wortstamm zurückgeführt. Beispiel: Stichwörter wie Haus, Hausarbeit, Hausflur werden auf den Wortstamm Haus zurückgeführt. Bei einer Dokumentensuche nimmt die Recherche auf die Wortstämme Bezug.

- Thesaurusdeskribierung

  Die Indexierung eines Dokumentes basiert bei diesem Verfahren auf dem Vorhandensein eines Thesaurus. Ein Thesaurus ist eine verbindliche Schlagwortliste, die ein Sachgebiet möglichst umfassend abdeckt und Beziehungen zwischen den Schlagwörtern wie z.B. Oberbegriffe und Unterbegriffe darstellt. Der Thesaurus ist um Homonyme und Synonyme bereinigt. Anhand des Thesaurus wird ein Dokumenteninhalt durch beliebig viele gleichgeordnete Deskriptoren gekennzeichnet. Die Deskriptoren eines Thesaurus dienen zugleich der Dokumentensuche.

Hier soll die Deskriptorenvergabe zur Kennzeichnung eines formatfrei speicherbaren Dokumenteninhaltes durch das Verfahren der Thesaurusdeskribierung abgebildet werden. Dafür sprechen die folgenden Gründe.

Die Verfahren der Deskriptorenvergabe müssen sich an ihrer Eignung für die Dokumentensuche messen lassen. Da hierarchische Klassifikationsverfahren die Suche eines Dokumentes nach mehreren Deskriptoren nicht zulassen, scheiden sie für die Anwendung im Bürobereich aus.

Verfahren der linguistischen Analyse weisen gegenwärtig noch erhebliche Mängel in der Formulierung einer Recherche auf (vgl. Gaus, S. 327f.). Zum einen kann sich die Suche nur auf Ausschnitte des Textes selbst beziehen, zum anderen bedarf der Suchende eines gewissen Verständnisses für linguistische Probleme.

In diesem Zusammenhang sei auf Forschungsvorhaben verwiesen, die diese Mängel dadurch zu umgehen versuchten, daß sie dem Benutzer die Recherche in einer natürlichsprachlichen Frageformulierung erlaubten. Aufgrund enttäuschender Ergebnisse bei der Suche nach einem Dokument, die vor allem in Problemen der vielfältigen Reduzierungsmöglichkeiten eines sprachlichen Ausdrucks auf eine allgemeingültige Form begründet waren, wurden viele dieser Vorhaben jedoch eingestellt (vgl. Krause, S. 188).

Ein weiteres wichtiges Argument gegen computergestützte inhaltliche Analysen ist darin zu sehen, daß bis auf weiteres nicht davon ausgegangen werden kann, alle abzulegenden Dokumente in einer für den Rechner lesbaren Form verarbeiten zu können. Die ausschließliche Anwendung des Verfahrens auf textliche Informationen schränkt die Anwendung auf den Bürobereich ohnehin ein.

Für die Methode der Thesaurusdeskribierung spricht vor allem das Argument, innerhalb einer Unternehmung oder eines Unternehmungsbereiches ein "einheitliches und kontrolliertes Vokabular" (Gaus, S. 40) der Deskriptorenvergabe zugrunde legen zu können. Damit wird eine objektive intertemporale und interpersonelle Dokumentenablage und -suche ermöglicht.

Entsprechend den bisherigen Ausführungen beschreiben die Datentypen Deskriptoren und Kennzeichnungen die Deskribierung von Dokumenten (vgl. Abb. 3.2.3.2./1.).

Der Aufbau eines unternehmensweiten Thesaurus ist eine wesentliche Voraussetzung zur Dokumentendeskribierung. Eine wichtige Zielsetzung wird dabei sein, die extreme Vielfältigkeit möglicher Deskriptoren zur Beschreibung von Dokumenteninhalten auf ein überschaubares Maß einzuschränken. In diesem Zusammenhang sei auf Ansätze beim Entwurf betrieblicher Datenelemente hingewiesen, die versuchen, anhand von zehn Deskriptorenklassen, die für zehn allgemeine, betrieblich relevante Grunddimensionen stehen, Datenobjekte zu beschreiben (vgl. in diesem Zusammenhang Brenner; Österle/Brenner).

3.2.3.2./1. Struktur der Datentypen Deskriptoren und Kennzeichnungen

Deskriptoren	*
Deskriptor	
Deskriptornr	
Deskriptorbezeichner	
Anwendungsbeschreibung	
Kennzeichnungen	*
Kennzeichnung	
Dokumentnr	->Dokument
Deskriptornr	->Deskriptor

Während ein numerischer Dokumenteninhalt durch Datensatzbeschreibungen und ein textorientierter Dokumenteninhalt durch Deskriptoren beschrieben wird, ist für Dokumente, die sowohl numerische als auch nichtnumerische Informationen enthalten, eine Integration der Indexierungsverfahren Datensatzbeschreibung und Thesaurusdeskribierung anzustreben. Dabei ist in Abhängigkeit eines bestimmten (Ober-)Deskriptors der Dokumenteninhalt zusätzlich durch spezielle formatierte Datensatzbeschreibungen zu erfassen. Beispiele:

- Der Deskriptor "Rechnung" kann um die zusätzlichen Formatbeschreibungen wie "Rechnungsnummer" oder "Rechnungsbetrag" ergänzt werden.

- Der Deskriptor "Zeitschrift" kann um die formatierten Attributwerte "Name der Zeitschrift", "Erscheinungsjahr und -monat" erweitert werden.

Abbildung 3.2.3.2./2. verdeutlicht die bisherigen Ausführungen zur Deskribierung eines Dokumentes.

3.2.3.2./2. Erfassung und Deskription eines Dokumentes

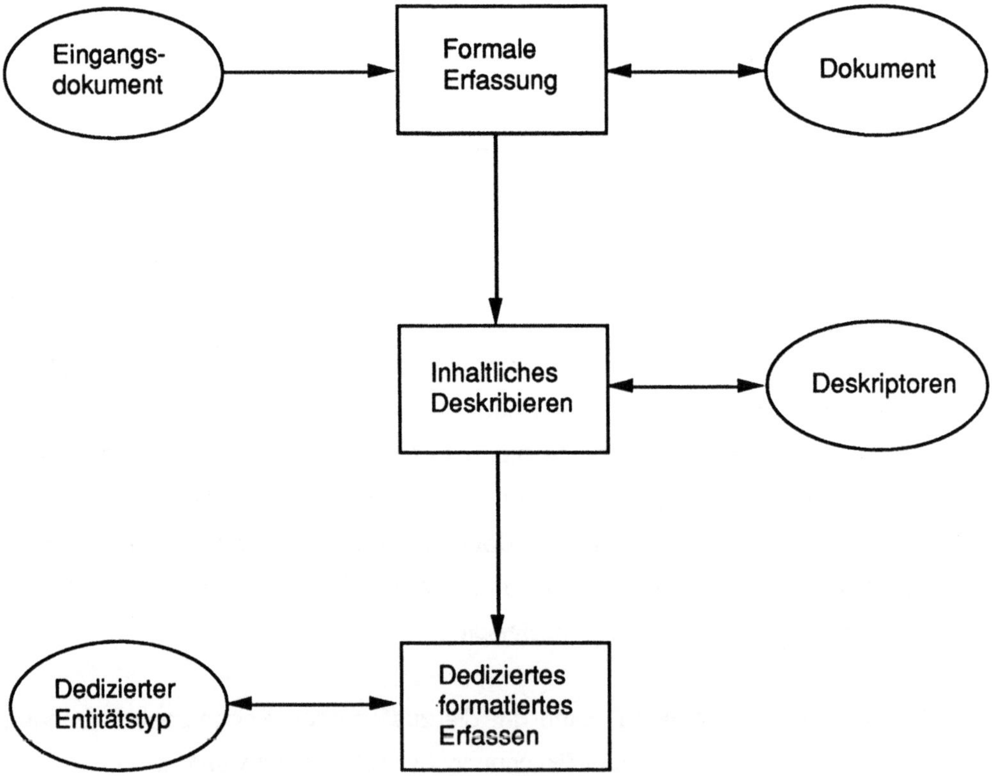

Danach wird ein abzulegendes Dokument zunächst unter formalen bzw. bibliographischen Aspekten anhand des Datentyps Dokumentenbestand erfaßt. Daran anschließend wird das Dokument deskribiert, vor allem, wenn ein unformatierter Dokumenteninhalt zu beschreiben ist. In Abhängigkeit davon kann ein formatierter Dokumenteninhalt zusätzlich in einem dedizierten Entitätstyp einer definierten Datensatzbeschreibung erfaßt werden.

3.2.3.3. Dokumentenablage und Zugriffsschutz

Ein abgelegtes Dokument speichert Informationen, auf die zu einem späteren Zeitpunkt zurückgegriffen werden kann. Zur Suche eines Dokumentes mit einem bestimmten Inhalt stehen die im vorangegangenen Kapitel eingeführten Deskriptoren zur Verfügung.

Normalerweise ist der Inhalt von Dokumententypen Mitarbeitern im Sinne erforderlicher Arbeitsergebnisse uneingeschränkt zugänglich. Dennoch sind Situationen vorstellbar, in denen Dokumententypen vor einem unerlaubten Zugriff geschützt bzw. ein Zugriff nur einem bestimmten Personenkreis vorbehalten bleiben sollte.

Beispiele für zu schützende Informationen sind personengebundene Informationen, wie z.B. Honorare, Lohnzahlungen, Zeugnisse oder solche Informationen, die einen Wettbewerbsvorsprung vor der Konkurrenz begründen, wie z.B. laufende Patentanmeldungen sowie Ergebnisse eigener Forschung und Entwicklung.

Abb. 3.2.3.3./1. stellt die Struktur des Datentyps Zugriffsberechtigungen dar.

Dabei wird insbesondere zwischen zwei Zugriffsarten auf Dokumente unterschieden: ein rein lesender Zugriff und ein Zugriff, der ein Dokument inhaltlich verändern darf. Auf diese Weise ist eine differenzierte, von dem Nutzungszweck des Dokumentes abhängige Vergabe von Zugriffsrechten an Mitarbeiter möglich.

Beispiel: Ein Mitarbeiter erhält lediglich lesenden Zugriff auf seine eigene Personalakte, ein Zugriff auf fremde Akten wird nicht gewährt.

3.2.3.3./1. Struktur des Datentyps Zugriffsberechtigungen

Zugriffsberechtigungen	*
Zugriffsberechtigung	
Mitarbeiternr	->Mitarbeiter
Dokumenttypnr	->Dokumenttyp
Zugriffsart	o
Verändernd	
Lesend	

3.3. Zusammenfassung der Datentypen

Kapitel 3 leitete in einer problemorientierten Sicht Datentypen des allgemeinen Büroinformationssystems her, wobei eng auf die Implementation im Rahmen eines relationalen Datenbanksystems geachtet wurde.

Im Anhang sind die entworfenen Datentypen zusammengefaßt dargestellt. Zur besseren Veranschaulichung der Ergebnisse als auch zur Redundanzminimierung wurden dabei zusätzliche (Hilfs-)Relationen eingeführt, die insb. multiple Beziehungstypen zwischen Relationen auflösen. Auf dieser Datenbasis baut das in der folgenden Abbildung dargestellte Datenbankstrukturdiagramm auf.

Während die bisherige Darstellung des Datenmodells die innere Struktur der Datentypen betonte, gibt das Datenbankstrukturdiagramm die logischen Beziehungen zwischen den einzelnen Datentypen wieder. Eine Beziehung zwischen zwei Datentypen wird über ein gemeinsames Attribut konstruiert.

Das vorliegende Datenbankstrukturdiagramm veranschaulicht die wesentlichen Beziehungen des entworfenen Datenmodells.

Im Sinne einer weitgehend redundanzarmen Darstellung besteht das Datenbankstrukturdiagramm ausschließlich aus hierarchischen Beziehungstypen 1:n und hierarchisch-konditionellen Beziehungstypen 1:c.

3.3./1. Datenbankstrukturdiagramm des Modells

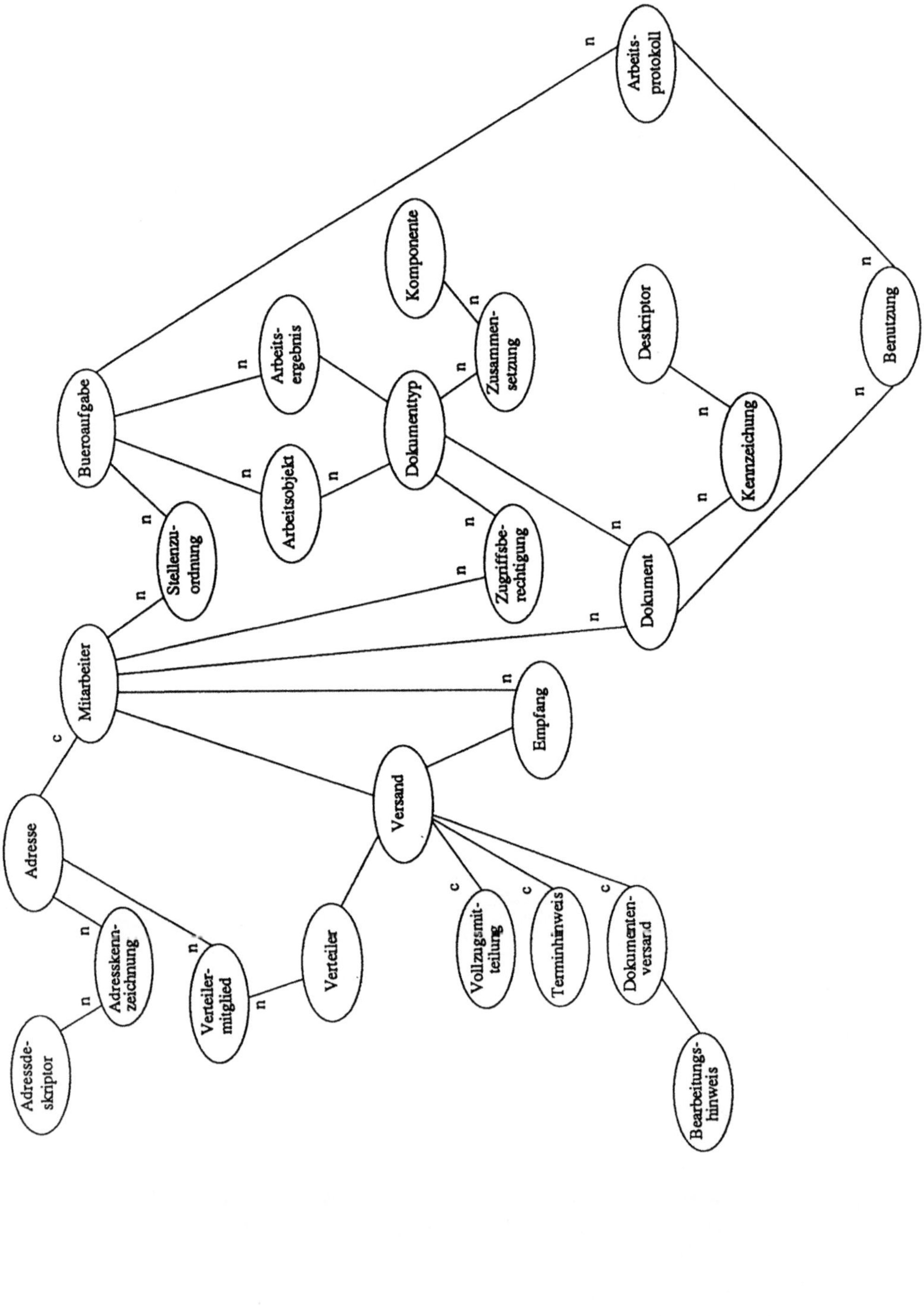

4. Gestaltung eines unternehmungsspezifischen Büroinformationssystems

Nachdem im vorangegangenen Kapitel ein allgemeines Datenmodell eines Büroinformationssystems entwickelt wurde, sollen nachfolgend anhand dieses Modells Aufgaben und Probleme der Gestaltung eines unternehmensindividuellen Büroinformationssystems diskutiert werden.

Dazu werden zunächst kurz die Tätigkeiten und Methoden der Systemgestaltung dargestellt (Kap. 4.2.).

Im Anschluß daran werden Probleme analysiert, die sich bei der Gestaltung eines Büroinformationssystems ergeben. Diese Analyse sucht vor allem den Bezug zu dem entwickelten Modell, d.h. primär werden solche Probleme dargestellt, die sich aus der Existenz und der Nutzung des Modells für die Gestaltung eines Büroinformationssystems ergeben.

4.1. Modellverwendung zur Systemgestaltung

Das in Kap. 3 entwickelte Modell weist einen generellen Charakter auf. Das bedeutet, daß es - als gedankliche Strukturierung von Büroarbeit - für beliebige Unternehmungen bzw. Einsatzbereiche zur Orientierung der Gestaltungsmaßnahmen herangezogen werden kann. Das generelle Modell erfüllt Leitbildfunktionen der auf einen konkreten Anwendungsfall bezogenen Systemgestaltung.

Die Hauptaufgabe der modellgeleiteten Systemgestaltung besteht darin, Realität und Modellvorlage einander anzugleichen. Dabei sollen aber auch realitätsbedingte Tatbestände, die im Modell keine oder nur geringe Gültigkeit besitzen, bei der Gestaltung berücksichtigt werden.

Insgesamt steht die Systemgestaltung unter Anwendung des Modells vor den folgenden zwei Aufgaben (vgl. Abb. 4.1./1.):

- Ableitung eines individuellen Modells aus dem generellen Modell und

- Ableitung von Implementierungsmaßnahmen aus dem individuellen Modell.

4.1./1. Modellverwendungsprozesse

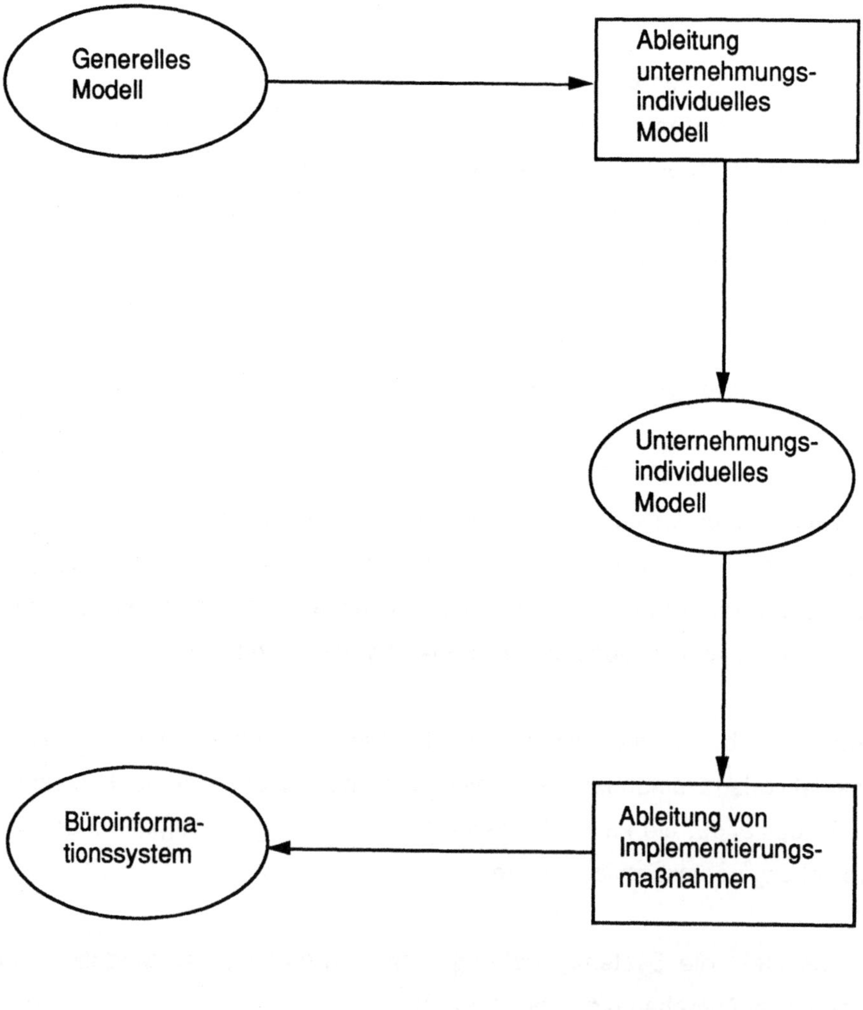

Diese beiden Aufgaben können durch die üblichen Systemgestaltungstätigkeiten der Istanalyse, Spezifikation und Implementierung erfüllt werden. Zur Bewältigung der anstehenden Gestaltungsaufgaben übernimmt das Modell spezielle Unterstützungsfunktionen.

4.2. Phasen und Tätigkeiten der Systemgestaltung

Istanalyse, Spezifikation und Implementierung sollen als drei Phasen bzw. Aufgaben zur Gestaltung eines Büroinformationssystems betrachtet werden. Für jede Phase/Aufgabe stehen spezielle Gestaltungsmethoden zur Verfügung (einen Überblick über Methoden zur Gestaltung von Büroinformationssystemen geben u.a. Barbic et al., S. 152ff.; Bracchi/Pernici, 2, S. 155ff.; Schönecker/Nippa). Unter Methoden soll eine Menge aufeinander abgestimmter Vorgehensregeln und Mittel verstanden werden (vgl. Friedrichs, S. 189; Kromrey, S. 88), die die Tätigkeiten der Systemgestaltung leiten.

4.2.1. Istanalyse

Die Istanalyse dient dem Zweck, das Untersuchungsobjekt hinsichtlich der auf den Rechner zu übertragenden Daten und Funktionen zu beschreiben. Dadurch wird der Istzustand des Untersuchungsobjektes wiedergegeben. Dieser gibt Hinweise auf Mängel innerhalb des bereits bestehenden organisatorischen (computergestützt und/oder manuell betriebenen) Informationssystems. Damit legt die Istbeschreibung auch Anforderungen für die nachfolgende Phase der Spezifikation fest.

Damit eine organisatorische Regelung als mängelbehaftet bzw. für eine konkrete Unternehmung als nicht existent erkannt wird, bedarf es eines Überprüfungs- und Vergleichskriteriums. Diese Lenkungsfunktion kann das generelle Modell übernehmen.

Die Istanalyse wird durch die in der Modellvorlage angenommenen Hypothesen über Büroarbeit geleitet. In Abhängigkeit der Modellannahmen wird die Beschreibung auf diejenigen Tatbestände ausgerichtet sein, mit denen das Modell die Realität abbildet. Das Modell lenkt so die Aktivitäten zur Ist- und Sollzustandsbeschreibung.

Die Istanalyse bedient sich verschiedener Erhebungsinstrumente, insb. der Befragung in Form des strukturierten oder unstrukturierten Interviews, der Selbstaufzeichnung und der Beobachtung. Den Einsatz dieser Erhebungsinstrumente sowie darauf aufbauende Methoden der Analyse und Planung von Büroinformationssystemen beschreiben u.a. Conrath et al.; Haneke; Harris/Brightman; Wurch; Hoyer/Kölzer.

Generell läßt sich sagen, daß

- Spezialwissen eines Aufgabenträgers, insb. qualitative Informationen, vor allem mit Hilfe eines Interviews,

- ein Überblick über Tätigkeiten eines Aufgabenträgers innerhalb einer bestimmten Zeitperiode mit Hilfe der Selbstaufzeichnung und

- Arbeitssituationen, Verfahren, Verhalten als auch Schwachstellen der Arbeit durch Beobachtung des Analytikers zu gewinnen sind.

"OAM" (Office Analysis Methodology) ist das Beispiel einer primär auf die Istanalyse ausgerichteten Methode. Ihr Hauptziel ist die Analyse, Revision und Beschreibung von Büroprozeduren ("office procedures") innerhalb einer Organisation bzw. organisatorischen Einheit.

Die Analyse basiert auf dem Ansatz, Büroprozeduren als Beschreibungsmittel von Funktionen einer Organisation zu betrachten. Eine Funktion besteht aus verschiedenen Aktivitäten, die gemeinsam eine (Daten-)Ressource bearbeiten. Eine Funktion kann mehrere Büroprozeduren umfassen, wobei sich jede Funktion aus einer initiierenden, ausführenden und terminierenden Stufe zusammensetzt (vgl.

Sirbu et al., S. 320).

Aus diesen Vorüberlegungen heraus leitet OAM eine top-down Vorgehensweise der Analyse ab. Sie beginnt mit Befragungen des Leiters des zu untersuchenden Bereichs ("office manager"), um aus betrieblichen Funktionen die erforderlichen Prozeduren in ihren von Mängeln unbehafteten Grundlinien ("procedure main line") auszumachen. Erst wenn Einvernehmen über diesen Globalablauf erreicht worden ist, dehnt sich die Analyse auch auf hierarchisch tiefer liegende Ebenen aus. Dort werden vor allem Besonderheiten, Ausnahmen und Sonderfälle der Aufgabenerfüllung ausfindig gemacht. Die endgültige Struktur einer Funktion wird anhand dieser Informationen zunehmend detailliert.

Abbildung 4.2.1./1. gibt den Ablauf von OAM zusammengefaßt wieder (in Anlehnung an Sirbu et al., S. 322ff.; Krallmann, S. 136f.). Danach wird die Analyse eines Untersuchungsbereiches in sechs Analyseschritte unterteilt. OAM gibt dem Analysevorgang konkrete Anweisungen über die Erhebungsgegenstände, den Einsatz von Erhebungsinstrumenten und über die Zusammenarbeit von Analyseteam und Aufgabenträger vor.

4.2.2. Spezifikation

Aufgrund der Ergebnisse der Istanalyse ist es möglich, aus dem generellen Modell durch unternehmungsspezifische Änderungen und/oder Ergänzungen ein individuelles Modell abzuleiten.

Da die Istanalyse das Untersuchungsobjekt in Kategorien der Modellvorlage beschreibt, ergibt sich als direktes Ergebnis der Istanalyse eine vollständige oder teilweise Identität zwischen Modellvorlage und Untersuchungsobjekt. Die teilweise Identität ist interpretierbar als ein Fehlen oder als eine unternehmungsspezifische, zur Modellvorlage divergierende organisatorische Lösung. Durch weitergehende Analysen können auch diese Tatbestände erhoben werden.

4.2.1./1. OAM-Analyseschritte

Schritt 1: Treffen mit dem Office Manager; Ermittlung

- des organisatorischen Kontextes der Analyse
- der Funktionen und Ressourcen der organisatorischen Einheit
- der Hauptlinien von Prozeduren
- von Schlüsselpersonen zwecks weiterer Interviews

Schritt 2: Vorläufige Beschreibungen von Prozeduren

- Wichtige Stufen
- Inputs und Outputs einer Stufe

Schritt 3: Entwurf einer ersten Gesamtbeschreibung; Analyse

- von Inkonsistenzen und Unvollständigkeiten
- von Ausnahmen und deren Behandlung

Schritt 4: Erneute Interviews mit den Beteiligten

- Zirkulation der bisherigen Ergebnisse unter den Beteiligten
- Identifikation und Lösung von Konflikten und Widersprüchen

Schritt 5: Erneute Analyse mit dem Office Manager

- Überarbeiten der Ergebnisse
- Überprüfen, ob jede Prozedur ihren definierten Zweck erfüllt
- Verabschieden der Ergebnisse

Schritt 6: Erstellung der Analysedokumentation

Die Istanalyse hat unternehmungsspezifische Anforderungen an die Gestaltung eines Büroinformationssystems festgestellt. Diese müssen mit der Modellvorlage verbunden werden. Die Orientierung der Spezifikation an einem Beschreibungsmodell hat diesbezüglich den Vorteil, vorgesehene Anpassungsprozesse bereits vor ihrer informationstechnischen Realisierung im Modell zu simulieren. Konsequenzen von Änderungen des Modells werden antizipiert und können so in ihren Auswirkungen analysiert werden. Das Beschreibungsmodell filtert als "Realitätsersatz" (Grochla, 1, S. 21) aus der Menge möglicher organisatorischer Maßnahmen diejenigen heraus, die vor ihrem Einsatz in ihren Auswirkungen als systemkonform beurteilt worden sind.

Der Aufgabenkatalog zur Gewinnung eines individuellen Modells aus der Modellvorlage umfaßt Schritte zur Identifizierung und Durchführung von Anpassungen der Modellvorlage. Durch sie wird geprüft und festgestellt,

a) welche Merkmale des Modells auch für das Untersuchungsobjekt angenommen werden,

b) durch welche Veränderungen dem Untersuchungsobjekt entsprochen wird und

c) welche Merkmale für den konkreten Anwendungsfall vernachlässigt oder durch neu zu spezifizierende Merkmale zu ersetzen sind (vgl. Garbe, S. 86).

Entscheidungskriterium ist bei allen drei Entscheidungsprozessen, ob erkannte organisatorische Inkonsistenzen und Mängel beseitigt bzw. bestehende organisatorische Lösungen verbessert werden können. Festgestellte Schwachstellen der Büroarbeit wie z.B. das Auftreten von Doppelarbeit, zu hohe Warte- und Liegezeiten von Dokumenten, lange Durchlaufzeiten, das Nichterreichen von Kommunikationspartnern, zu hohes Papiervolumen, zeitintensive manuelle Überarbeitungen etc. (vgl. dazu Heinze/Zangl, S. 5) weisen auf mögliche Reorganisationsaufgaben hin.

Vor dem Hintergrund der modellgeleiteten Gestaltung eines Büroinformationssystems können damit folgende Aufgaben der Spezifikation angeführt werden:

- Entsprechung von Modellvorlage und Unternehmungsrealität prüfen:
  . Entsprechung von Datentypen,
  . Überprüfung der Konsistenz unternehmungsspezifischer Ausprägungen der Modellobjekte.

- Übernahme derjenigen Objekte, die in dem unternehmungsindividuellen Modell enthalten sein sollen, wobei keine Anpassung an spezifische Bedürfnisse vorzunehmen ist. Ein Modellausschnitt wird unverändert übernommen.

- Vernachlässigung derjenigen Objekte, die in dem unternehmungsindividuellen Modell nicht enthalten sein sollen.

- Anpassung von Objekten und Merkmalen der Modellvorlage an unternehmungsindividuelle Bedürfnisse: die generellen Datentypen werden an den Bedarf einer zu erfüllenden Aufgabe angepaßt.

- Erweiterung des individuellen Modells um Elemente, die nicht in der Modellvorlage enthalten sind, d.h. Übernahme unternehmungsspezifischer Elemente in das Modell.

Beispiel einer Methode, deren Schwerpunkt die Phase der Spezifikation bildet, ist "OSIRIS" (Office System Information Requirements Integration and Specification) (vgl. Barbic et al., S. 158ff.).

Wie auch "OAM" konzentriert sich OSIRIS auf die Betrachtung von Bürovorgängen ("procedures"). Sie geht aber über die Analyse hinaus, indem sie versucht, bestehende Bürovorgänge unter gewissen Optimalitätskriterien zu entwerfen bzw. zu reorganisieren. Aus Modellvorstellungen über eine ideale Ablaufstruktur eines Bürovorgangs heraus werden Mängel bestehender betrieblicher Vorgänge identifiziert und der idealen Struktur angeglichen.

Diesbezüglich besteht OSIRIS aus zwei Spezifikationsphasen: dem Entwurf individueller Bürovorgänge und der Integration von Bürovorgängen. In einem top-down Vorgehen wird ähnlich wie bei OAM für einen Vorgang durch mehrere Revisionsiterationen eine Basis-Ablaufstruktur ermittelt. Die Integration von Bürovorgängen gliedert sich danach in folgende zwei Schritte auf:

- Zusammenfassung von Bürovorgängen
  Zunächst werden einzelne Bürovorgänge zu einem integrierten Vorgang zusammengefaßt. Diese Integration vollzieht sich bottom-up. Dazu werden lokal gemeinsame Elemente verschiedener Bürovorgänge identifiziert (z.B. gemeinsamer Dateninput in Funktionen, Schnittstellen zwischen Vorgängen) und zusammengefaßt. Die Zusammenfassung wird so lange fortgeführt, bis keine lokale Integration von Vorgängen mehr möglich ist. Zudem bestimmen Synchronisationsregeln zwischen den einzelnen Bürovorgängen die Integration, d.h. die Parallelität, Sequenz oder Identität von Teilfunktionen legt die Ablaufstruktur des integrierten Vorgangs fest. Durch die Zusammenfassung mehrerer Bürovorgänge können lokale Redundanzen beseitigt werden.

- Rückführung des integrierten Vorgangs auf eine optimale Form ("canonical form"). Diese Form ist eine synthetische Verfeinerung eines integrierten Bürovorgangs durch folgende Regeln:

  a) Sequentielle Aktivitäten des integrierten Vorgangs, die aus dem gleichen Ursprungsvorgang stammen, werden zu einem gemeinsamen Knoten des integrierten Vorgangs zusammengefaßt. Dieser Knoten ist interpretierbar als ein Aufgabenbündel, das an einen Aufgabenträger übertragen werden kann.

  b) Parallele Aktivitäten aus unterschiedlichen Bürovorgängen werden ebenfalls zu einem gemeinsamen Knoten zusammengefaßt, sofern in diese parallelen Aktivitäten die gleichen Informationen eingehen.

c) Alle redundanten Aktivitäten werden eliminiert und nur einer Stelle zugewiesen.

OSIRIS ist ein Beispiel für eine Gestaltungsmethode, die eindeutige Regeln für die Analyse und Spezifikation von Bürovorgängen vorgibt. Sie erlaubt, Bürovorgänge anhand der Kriterien "minimality, nonredundancy, parallelism exploitation" (Barbic et al., S. 167) zu formulieren.

4.2.3. Implementierung

Im Anschluß an die Ermittlung des Ist- und Sollzustands kann das individuelle Modell implementiert werden. Der Sollzustand wird dabei durch das individuelle Modell beschrieben. Zwei Hauptaufgaben der Implementierung sind zu unterscheiden:

(1) Die informationstechnische Unterstützung des Modells

Das individuelle Modell spezifiziert Datentypen eines zu realisierenden Büroinformationssystems. Da dieses als sozio-technisches System definiert worden ist (vgl. Kap. 2.2.1.), gilt es, das Modell mit den Systemelementen Mensch und Informationstechnik zu verbinden. Daraus ergeben sich zwei Zielsetzungen.

Einerseits ist festzulegen, welche Datentypen und Funktionen auf welche der beiden Prozessoren Mensch und Informationstechnik einzurichten sind. Diese Entscheidung bestimmt somit den Grad der Übertragung der Modellelemente auf informationstechnische und/oder manuelle Komponenten.

Nachdem die auf die Informationstechnik zu übertragenden Datentypen und Funktionen festgelegt worden sind, müssen andererseits die konkreten Ausprägungen der Informationstechnik bestimmt werden. Diese hängen von dem Angebot an marktverfügbarer und in naher Zukunft zu erwartender Hard- und Software ab.

(2) Reihenfolgeplanung

Neben der Festlegung der informationstechnischen Unterstützung des Modells ist eine detaillierte Planung der Realisierungsmaßnahmen durchzuführen. Diese bestimmt vornehmlich die zeitliche Reihenfolge der Realisierungsschritte.

Jede identifizierte Abweichung zwischen Realität und individueller Modellvorgabe ist dazu hinsichtlich ihrer potentiellen Nutzenstiftung für das Untersuchungsobjekt zu beurteilen. Die Entscheidungen, in welcher Reihenfolge bzw. mit welcher Priorität welche Maßnahmen zu ergreifen sind, sind nur aus der individuellen Analyse der Konsequenzen einer jeden Maßnahme für das Untersuchungsobjekt abzuleiten.

In der Literatur sind verschiedenartige Vorgehensweisen zu einer abgestuften und evolutionären Einführung von Büroinformationssystemen entwickelt worden. Die diesen Vorschlägen zugrunde liegenden Erkenntnisse können unter Berücksichtigung unternehmungsspezifischer Tatbestände der Implementierung eine Entwicklungsrichtung vorgeben.

Diese Vorgehens- und Phasenvorschläge basieren zumeist auf einer Wachstumstheorie der betrieblichen Informationsverarbeitung, wie sie vor allem von Gibson/Nolan und Nolan (vgl. Gibson/Nolan; Nolan) vorgestellt wurde und übertragen die dort entwickelten Ideen auf die Gestaltung von Büroinformationssystemen. In Analogie zu den Stadien dieser Wachstumstheorie durchläuft die Informationsverarbeitung eines Büroinformationssystems über die Zeit mehrere Stufen. Die wesentliche Aussage dabei ist, daß nach einem anfänglichen, von dem Streben nach schnellen Produktivitätserfolgen geleiteten Einsatz zunehmend die Bedeutung eines geplanten (und nicht isoliert nur technische Elemente betonenden) Vorgehens erkannt wird. Nicht nur die Technik, sondern vor allem die mit ihr realisierten betrieblichen Vorgänge werden zum Gegenstand von betrieblichen Planungsprozessen. Erst sie ermöglichen eine applikationsintegrierte und -automatisierte Nutzung des Büroinformationssystems (vgl. zu den genannten Stufenplänen Zisman, 2, S. 12ff.; Hirschheim, S. 213f.).

Anhand der angeführten Wachstumsvorstellungen können folgende Leitlinien zur Implementierung eines Büroinformationssystems entwickelt werden (vgl. Synnott/ Gruber, S. 262ff.; Wagoner/ Ruprecht, S. 450ff.):

- Verteilte Textverarbeitung als Anfangsapplikation
  Textverarbeitung bietet in vielen Fällen erste Ansätze zu Produktivitätssteigerungen, da sie den Mittelpunkt der meisten Anwendungen im Bürobereich darstellt und von der traditionellen Datenverarbeitung bisher unberücksichtigt blieb. Durch Textverarbeitungsanwendungen können wichtige Anfangserfolge erzielt werden, die weitere Investitionen in den Aufbau eines Büroinformationssystems legitimieren.

- Erweiterte Funktionalität um Textverarbeitung herum (z.B. Unterstützung von Graphikanwendungen in Verbindung mit Textverarbeitung, elektronische Speicherung erstellter Dokumente); Realisierung von Schnittstellen zwischen administrativen Anwendungen und Textverarbeitung.

- Verbund dezentraler Einheiten durch elektronische Kommunikation (Electronic Mail, Telekommunikation etc.); zu Beginn Textkommunikation, dann auf andere Inhalte ausweitend.

- Integrierender Verbund von Anwendungen des Büroinformationssystems als auch des Büroinformationssystems mit anderen betrieblichen Informationssystemen (Soft- und Hardwarekompatibilität, Daten- und Funktionsverbund, Aufbau gemeinschaftlich zu nutzender Datenbestände etc.).

- Teilweise oder vollständige Automation ganzer betrieblicher Vorgänge.

Diese Empfehlungen bilden ein allgemeines Vorgehensraster, das an individuelle Bedürfnisse angepaßt werden muß. Die Leitlinien verdeutlichen, daß mit fortschreitender Implementierung des Büroinformationssystems die Spezifität und Individualität der Einsatzplanungen steigen muß.

4.2.4. Zusammenfassender Phasenablauf

Über die konkrete Reihenfolge und den Ablauf analysierender, spezifizierender und implementierender Gestaltungsaufgaben bestehen in Literatur und Praxis verschiedene Auffassungen. Am Beispiel der "Meta"-Methodologie "MOBILE-Burotique" (vgl. Dumas et al.). soll ein umfassender Vorgehensvorschlag zur Gestaltung von Büroinformationssystemen vorgestellt werden.

Ausgehend von einem Bestand an Vorwissen über eine Organisation, der u.a. auf Aufgaben und Problemstellungen der Organisation hinweist, beginnt MOBILE-Burotique mit einer den Istzustand der Organisation aufzeichnenden Analyse. Zum einen stellt sie dabei - ähnlich wie OAM (vgl. Kap. 4.2.1.) - auf die Beschreibung organisatorischer Ziele ab, da sich aus diesen der Bedarf an und die Präferenz zugunsten bestimmter Funktionen eines Büroinformationssystems ableiten lassen (etwa die Relevanz schneller Kommunikationssysteme für eine Organisation mit einem großen Stab an Außendienstmitarbeitern). Neben der Analyse organisatorischer Ziele werden Aufgaben und technischer Istzustand der Organisation aufgezeichnet.

Aus den Ergebnissen der Istanalyse wird versucht, mögliche technische Alternativen abzuleiten. Dabei wird angenommen, daß ein organisatorisches Ziel durch bestimmte Leistungen des Büroinformationssystems unterstützt werden kann. Mit Hilfe einer Kosten-Nutzen-Analyse wird danach die Auswirkung einer jeden technischen Alternative für die Organisation verdeutlicht. Ist eine bestimmte Alternative ausgewählt, kann die Planung der Realisation beginnen. Die Phase der technischen Adaption wird benötigt, um marktverfügbare technische Angebote gemäß Sollkonzept in individuelle Lösungen umzusetzen. Vor allem der Einsatz modularer Techniksysteme kann die Anpassung vorhandener Technik an individuelle Zielsetzungen beschleunigen und vereinfachen. Während des Betriebes der eingeführten Technik ergeben sich schließlich durch Soll-Ist-Vergleiche Hinweise auf weitere, das System verbessernde Gestaltungsaufgaben.

Abbildung 4.2.4./1. faßt MOBILE-Burotique zusammen (vgl. Dumas et al., S. 478).

4.2.4./1. Ablauf von MOBILE-Burotique

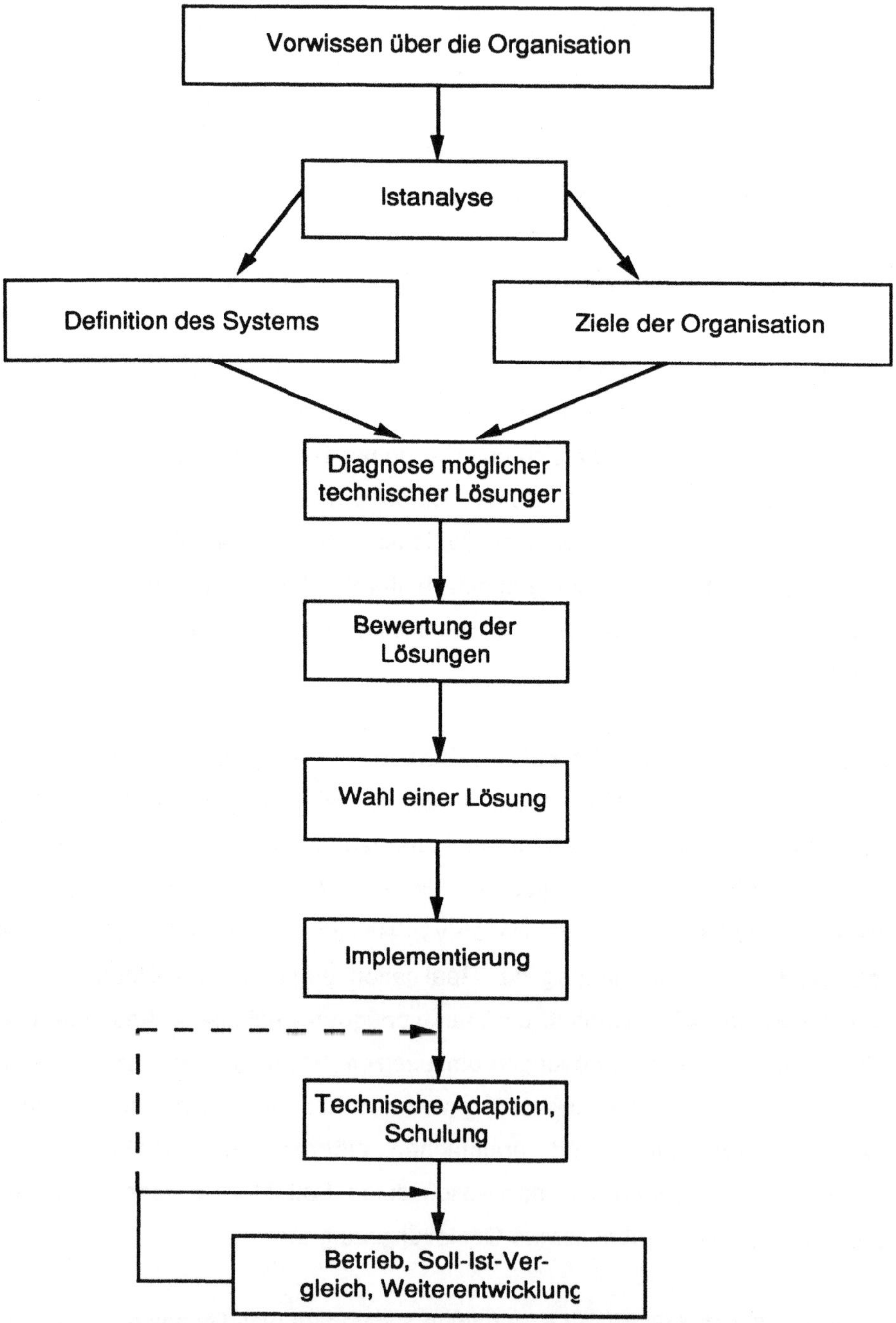

4.3. Probleme der Systemgestaltung

Nachdem im vorangegangenen Kapitel die Aufgaben zur Gestaltung eines Büroinformationssystems dargestellt worden sind, sollen im folgenden ausgewählte Probleme der Systemgestaltung analysiert werden. Die Probleme werden nach ihrem Bezug zu den drei angenommenen Gestaltungsaufgaben diskutiert. Daran schließt sich eine Analyse genereller, ablauflogischer Probleme der drei Aufgaben an.

Zuvor soll ein Grundproblem diskutiert werden, von dem erhebliche Einflüsse auf die Gestaltung eines Büroinformationssystems ausgehen können.

4.3.1. Das Grundproblem der Gestaltung

Als Grundsatzentscheidung bei der Gestaltung eines Büroinformationssystems ist die Frage nach dem angestrebten Automationsgrad einer zu unterstützenden Büroaufgabe anzusehen. Dementsprechend kann zwischen zwei extremen Zielperspektiven eines Büroinformationssystems unterschieden werden:

- Mechanisierung
  Technische Hilfsmittel sollen dem Benutzer bei Büroarbeit helfen. Durch die Mechanisierung von Büroarbeit wird ein Benutzer dadurch unterstützt, daß er sich einer bestimmten Menge technischer Hilfsmittel für unterschiedliche Anwendungen bedienen kann. Der Benutzer entscheidet selbst darüber, für welche Aufgabe er die Werkzeuge des Büroinformationssystems einsetzt. Der mechanisierende Einsatz verlangt ein häufiges Eingreifen des Menschen während der Anwendung der technischen Hilfsmittel (vgl. Greanias, S. 37). Durch ihren Einsatz bedient sich der Benutzer der allgemeinen Vorteile der Technik wie z.B. Beschleunigung der Ausführung eines informationsverarbeitenden Vorgangs sowie Speicherung und damit verbunden beliebige Reproduzierbarkeit eines Arbeitsergebnisses. Die Textverarbeitung ist ein Beispiel für einen mechanisierenden Einsatz des Büroinformationssystems.

- Automation
  Als Automation kann diejenige Art der technischen Unterstützung bezeichnet werden, bei der eine zu erfüllende Aufgabe vollständig auf die Informationstechnik übertragen und von ihr ausgeführt wird. Durch Automation wird der Mensch gänzlich von der Ausführung bestimmter Aufgaben befreit.

In Anlehnung an die erwähnten Wachstumstheorien betrieblicher Informationsverarbeitung kann davon ausgegangen werden, daß erste Anwendungen eines Büroinformationssystems in einer Unternehmung zunächst mechanisierenden Charakter aufweisen und sukzessiv automatisierende Zielsetzungen annehmen werden. Auf Gestaltungsprobleme, die sich auf diese Grundsatzentscheidung zurückführen lassen, soll in den folgenden Kapiteln eingegangen werden. Dabei wird angenommen, daß die Entscheidung Mechanisierung oder Automation nicht für ein zu gestaltendes Büroinformationssystem insgesamt gefällt wird, sondern in unterschiedlichen Aufgabenzusammenhängen verschieden getroffen werden kann.

4.3.2. Probleme der Phase Istanalyse

Das vorgestellte Modell enthält Datentypen, die bei der Istanalyse der organisatorischen Einheit als Überprüfungs- und Vergleichskriterien herangezogen werden können. Ihre Erfassung in der Organisation bildet die Grundlage für ein individuelles Sollkonzept des Büroinformationssystems.

Das Untersuchungsobjekt kann dabei aus der Perspektive der vorgeschlagenen Datentypen beschrieben werden. Die Istanalyse deckt die organisatorische Relevanz und die Ausprägungen der genannten Datentypen auf und dokumentiert sie.

4.3.2.1. Inhalt der Analyse

Zielsetzung der Istanalyse ist die Erfassung von Einsatzzweck und Einsatzbedingungen der Unterstützung einer Büroaufgabe durch Büroarbeit. Auf das generelle Modell übertragen kann diese Zielsetzung in folgende Unteraufgaben zergliedert werden.

1. Zunächst kann die Büroaufgabe zum Ausgangspunkt der Istanalyse gewählt werden, da sich aus der Spezifität der Aufgabe der konstituierende Einsatz von Büroarbeit ableitet. Die Istanalyse erfaßt den aufgabenspezifischen Einsatz von Büroarbeit.

   Gemäß Modellvorlage besteht eine Aufgabe in der Bearbeitung eines (empfangenen, abgelegten oder neuen) Dokumentes. Ein Dokument kann sowohl als Arbeitsgrundlage als auch als Arbeitsergebnis zum Einsatz gelangen. Die Aufgabendurchführung wird durch Prozedurregeln vorgegeben. Jede Büroaufgabe ist einem Mitarbeiter zugeordnet, wobei Büroaufgaben durch Informationsbeziehungen verbunden sein können.

   Diese Modellvorstellungen verdeutlichen Erfassungstatbestände der Istanalyse. Diese aufgabenspezifischen Analysedimensionen werden insb. durch die Modell-Datentypen Mitarbeiterbestand, Büroaufgaben, Arbeitsobjekte, Arbeitsergebnisse, Stellenzuordnungen, Dokumententypen und Dokumentenbestand vorgegeben. Die Ergebnisse der Istanalyse sind individuelle Ausprägungen der genannten Modellelemente in Abhängigkeit einer bestimmten Büroaufgabe.

2. Neben der detaillierten Erfassung von Aufgabenerfüllungsprozessen anhand der erwähnten Datentypen hat die Istanalyse ferner zum Ziel, aufgabenneutrale Tatbestände der Büroarbeit zu erheben, die für die Unterstützung mehrerer Büroaufgaben herangezogen werden können.

   Durch das Modell werden allgemeine Erhebungstatbestände von Büroarbeit durch die folgenden Datentypen wiedergegeben:

   - die Datentypen Adressenbestand, Adreßdeskriptoren, Adreßkennzeichnungen sowie Versendungen, Verteilerbestand, Nachrichtenempfänge und Bearbeitungshinweise im Umfeld kommunikativer Tätigkeiten der Büroarbeit,

- die Datentypen Dokumententypen, Dokumentenbestand, Komponenten, Zusammensetzungen und Benutzungen im Umfeld dokumentenerstellender Tätigkeiten der Büroarbeit,

- der Datentyp Arbeitsdurchführungen im Umfeld arbeitszeitplanender Tätigkeiten der Büroarbeit sowie

- die Datentypen Deskriptoren, Kennzeichnungen und Zugriffsberechtigungen im Umfeld dokumentenverwaltender Tätigkeiten der Büroarbeit.

3. Für jeden Erfassungstatbestand, der durch das Modell bzw. dessen Datentypen und Funktionen vorgegeben wird, sind ferner Mängel zu erheben. Diese geben Hinweise auf die Änderung und Verbesserung bestehender organisatorischer Regelungen und definieren Ziele der Systemgestaltung wie etwa Reduktion von Durchlaufzeiten, Beschleunigung des Informationstransportes zwischen Stellen oder Verbesserung der Informationssuche (zur Analyse von Zielen eines Büroinformationssystems vgl. Meyer, S. 102ff.).

Vor dem Hintergrund der genannten drei Analyseaufgaben wird der konkrete Inhalt und Umfang eines Analysevorgangs von automatisierenden oder mechanisierenden Gestaltungszielen bestimmt.

Bezweckt die Systemgestaltung automatisierende Zielsetzungen, so wird die Istanalyse alle drei genannten Aufgaben erfüllen müssen. Im Zentrum der Istanalyse wird das Anwendungsfeld einer durch Büroarbeit zu unterstützenden Aufgabe zum Zwecke ihrer Formalisierung stehen. Nicht nur einzelne Modellelemente leiten die Istanalyse. Die Istanalyse wird die Modellvorlage insgesamt als Überprüfungs- und Erfassungskriterium der unternehmungsspezifischen Realität benutzen. Das Modell wird als Rahmen verwendet, anhand dessen die individuelle Abwicklung einer Aufgabe nachvollzogen wird. Für jede erfaßte Aufgabe ergibt sich ein spezifisches Profil an Unterstützungsbedarf und Ausprägungen der vorgegebenen Modellelemente. Die Istanalyse bestimmt, welche Teilfunktionen bzw. welche Datentypen mit welchen Ausprägungen bzw. Attributen zur Abbildung einer Büroaufgabe erforderlich sind.

Stehen dagegen eher mechanisierende Ziele im Mittelpunkt des Büroinformationssystems, so wird sich die Istanalyse vorrangig auf die beiden letzten Analyseaufgaben konzentrieren können. Bei mechanisierenden Zielsetzungen wird die Beziehung zwischen einer Büroaufgabe und dem unterstützenden Einsatz von Büroarbeit weitgehend aufgehoben. Die durch das Büroinformationssystem angebotenen Hilfsmittel werden als generelle Werkzeuge des Benutzers zur Unterstützung unterschiedlicher Büroaufgaben betrachtet. Ergebnis der Istanalyse werden neben Nutzenpotentialen der generellen Leistungen des Büroinformationssystems die Ausprägungen der erwähnten aufgabenneutralen Modellelemente sein. So bestimmt die Istanalyse bspw., aus welchen (von der Modellvorlage vorgeschlagenen und zusätzlich von der Analyse erfaßten) Attributen der Datentyp Adressenbestand zusammenzusetzen ist.

4.3.2.2. Bestimmung der Erfassungsart

Bislang wurde davon ausgegangen, daß jedes Modellelement im Rahmen der Istanalyse in der Realität empirisch überprüft wird. Diese Art der Erfassung kann als empirisch-induktiv bezeichnet werden. Ihr liegt das Prinzip von der "empirischen Überprüfung gedanklicher Bezugsrahmen" (Ulrich/Hill, S. 166) zugrunde. Daneben kann die logisch-deduktive Vorgehensweise unterschieden werden, die Ist-Aussagen über die logische Deduktion aus angenommenen Annahmen ableitet; die Grundannahmen implizieren dabei logische Schlußfolgerungen (vgl. Eichhorn, S. 81).

Übertragen auf die Problemstellung, unternehmungsspezifische Ausprägungen von Modellelementen zu erheben, sind danach grundsätzlich zwei Vorgehensweisen möglich: Erfassung der Modellausprägungen durch Fachabteilung/Aufgabenträger oder Erfassung durch Organisatoren/Systemanalytiker (vgl. Fezer, S. 90).

Bei der ersten Alternative wird die Istanalyse unter Mithilfe oder in eigenverantwortlicher Weise durch die Fachabteilung/Aufgabenträger durchgeführt. Diese treten als kompetente und auskunftsfähige Partner während der Istanalyse auf, die zudem in der Lage sind, eigene Vorstellungen über das zu realisierende System in die Untersuchung einzubringen. Das Interview und die Selbstaufzeichnung sind dominante Erhebungsinstrumente dieser Analyserichtung.

Bei der zweiten Alternative werden Dimensionen des Modells sowie deren Merkmalsausprägungen durch die Organisatoren und Systemanalytiker selbst aufgrund ihres vorhandenen Wissens über einen Sachverhalt bestimmt. Die empirische Analyse einer realen Umgebung (z.B. Befragung eines Aufgabenträgers über Probleme der Aufgabenerfüllung) wird ersetzt durch logische und analytische Überlegungen des Untersuchenden. Dabei wird dieser vornehmlich aufgrund seiner eigenen Erfahrungen den Istzustand und Anforderungen an ein Büroinformationssystem bestimmen. Diese Vorgehensweise basiert auf der Vorstellung, annäherungsweise idealtypische Einschätzungen für reale Istzustände anzunehmen.

Für die logisch-deduktive Erfassung spricht zunächst, daß terminliche und/oder finanzielle Restriktionen eine zeitintensive Isterfassung verbieten können, so daß bestimmte Annahmen über die Realität notwendig werden.

Die deduktive Erfassung erscheint aber auch dann notwendig zu werden, wenn ein bestimmter Ausschnitt des als Leitfaden dienenden generellen Modells in der Realität nicht vorhanden ist, dieser aber im individuellen Modell aus Effektivitäts- und Konsistenzüberlegungen heraus als erforderlich betrachtet wird (z.B. die verbessernde Gestaltung der Teilfunktion Dokumentenablage nach dem Prinzip der Thesaurusdeskribierung anstatt der bisherigen Ablage nach einem Aktenplan).

Gerade die Zielsetzung der Istanalyse, Anforderungen an das zu gestaltende Büroinformationssystem zu ermitteln, zwingt oft zu einem Vorgehen, das sich an der zweiten Alternative orientiert. Diese ist zumindest immer dann in Erwägung zu ziehen, wenn Anforderungen aus Informationsbedürfnissen einer zukünftigen Anwendung des Büroinformationssystems aufzustellen sind (vgl. v. Ammon/Wessoly, S. 151).

So kann einem Einsatz innovativer Informationstechniken ein Benutzerverhalten erwachsen, das innerhalb des ursprünglichen (u.U. manuellen) Arbeitsfeldes gar nicht auftritt und deshalb auch nicht erfaßbar ist. So sind z.B. Anforderungen an den Einsatz eines zu installierenden Voice-Mail-Systems nicht gänzlich empirisch zu erheben. An die Stelle empirisch gewonnener Anforderungen treten dann deduktive Effektivitätsannahmen und Beurteilungen über eine zumeist allgemein bekannte Bedarfssituation. In diesem Fall wird eine Istanalyse durch die Annahme ersetzt, durch das Angebot einer Funktion des Büroinformationssystems zwangsläufig die Nachfrage und die Nutzung des Systems bei den potentiellen Benutzern induzieren zu können (z.B. die Bereitstellung von Textverarbeitungswerkzeugen an Personen, die häufig individuelle Textdokumente erstellen müssen).

Es ist angebracht, das empirisch-induktive und analytisch-deduktive Vorgehen für eine Istanalyse zu kombinieren. Danach ist

- ein empirisch-induktives Vorgehen unter aktiver Mitwirkung der Fachabteilung/ Aufgabenträger für solche Modellelemente zu wählen, bei denen ein hoher Grad an Genauigkeit angestrebt wird (vgl. Fezer, S. 91). Dies ist insbesondere dann der Fall, wenn der Untersuchungsgegenstand eine komplexe Aufgabensituation darstellt, i.d.R. vor dem Hintergrund automatisierender Zielsetzungen.

- Ein analytisch-deduktives Vorgehen wird dann anzuwenden sein, wenn a) wie bereits erwähnt ein Modellelement aus Effektivitätsgesichtspunkten heraus benötigt wird oder wenn b) eine "wohl-strukturierte Aufgabe begrenzter Bedeutung" (Haneke, S. 408) zu erfassen ist, bei der auch grobe Analyseergebnisse zur Zustandsbeschreibung ausreichen.

4.3.3. Probleme der Phase Spezifikation

Die Spezifikation hat die Aufgabe, anhand der Ergebnisse der Istanalyse (individuelle Ausprägungen der Modellobjekte sowie erkannte Mängel, Bedürfnisse, Wünsche etc.) das generelle Modell zu individualisieren. Auf dabei auftretende Problemkreise soll im folgenden eingegangen werden.

4.3.3.1. Tiefe der Spezifikation

Der Unterscheidung zwischen Mechanisierung und Automation zufolge sind zwei Ansätze zur Spezifikation der Funktionen eines Büroinformationssystems denkbar: anwendungsspezifische und eine Aufgabe automatisierende Funktionen oder generelle mechanisierende Werkzeugfunktionen (vgl. Hammer/Zisman, S. 83). Der Unterschied ergibt sich daraus, daß eine Leistung eines Büroinformationssystems entweder nur auf eine ganz bestimmte Aufgabenstellung angewendet wird (geschlossenes Einsatzfeld) oder für eher anwendungsneutrale und generelle Einsatzzwecke in unterschiedlichen Applikationsumgebungen genutzt wird (offenes Einsatzfeld).

Das Einsatzspektrum einer Funktion eines Büroinformationssystems wird allgemein von zwei Faktoren bestimmt: a) den Fähigkeiten des Werkzeugs als auch b) dem Wissen über Aufgabenstellung, Probleme und Ablauf einer zu erfüllenden Aufgabe ("Prozedurregeln").

Läßt man beide Faktoren getrennt, so gelangt man zu einem generellen Büroinformationssystem. Je mehr aufgabenbezogenes Wissen dem Werkzeug vor der Implementierung übertragen wurde, desto spezifischer, aber auch desto eingeschränkter wird seine Anwendbarkeit.

Beispiel: Für eine bestimmte Aufgabenstellung, mit Hilfe der Bürofunktionen Dokumentenerstellung und Nachrichtenversand neu geworbene Kunden zu einer Jubiläumsveranstaltung einzuladen, wären diese Funktionen im Sinne eines mechanisierten Einsatzes durch einen Aufgabenträger wie folgt zu gebrauchen:

- Starten eines Datenverwaltungssystems und Laden der Kundendatei,
- Selektion von Adressen neu geworbener Kunden und Extraktion dieser in eine zwischenzuspeichernde Adreßdatei mit Hilfe der durch das Datenverwaltungssystem angebotenen Systemfunktionen,
- Laden eines Texteditors und Schreiben der Einladung,
- "Merge" von Adreßdatei und Einladungstext und Ausdruck sowie
- Versand (physisch oder elektronisch).

Der Aufgabenträger überträgt entsprechend dem Werkzeugcharakter die Aufgabenstellung in die Dimensionen der generellen Dienstleistungen der Bürowerkzeuge.

Bei einer automatisierten Funktion "Einladungsversand" dagegen könnten manuelle, von einem Aufgabenträger auszuführende Teilfunktionen auf den Rechner übertragen werden, z.B. durch

- die Definition einer Standardeinladung, ggfs. mit variablen Textteilen,
- die Programmierung der Vorschrift, anhand der die Kunden aus der Adreßdatei zu selektieren sind (mit einer Programmiersprache) und
- durch den anschließenden automatischen Versand der Einladungen über ein Telekommunikationsnetzwerk.

Die Spezifikation eines individuellen Büroinformationssystems steht vor dem Dilemma, einerseits im Sinne des Werkzeugcharakters generelle Funktionen zu entwerfen und andererseits unter dem Gesichtspunkt von Rationalisierungs- und Produktivitätserfolgen einer automatisierenden Funktion Vorrang zu geben.

Das Dilemma zwischen generellen und speziellen Funktionen ist sicherlich nur unternehmungsspezifisch zu lösen. Der Eingrenzungs- und Spezialisierungsprozeß genereller Funktionen auf spezifische Applikationen hängt dabei von unterschiedlichen Faktoren ab, u.a. von unternehmungsindividuellen Zielvorgaben an ein Büroinformationssystem wie z.B. Benutzerwünschen, erhofften Produktivitätssteigerungen und Geschwindigkeitserhöhungen bei der Ausführung einer Aufgabe, der erhofften Schaffung kreativer Freiräume für einen Aufgabenträger etc..

Aspekte, die zu einer Lösung des Problems führen können und unternehmungsindividuell beachtet werden müssen, sind:

- Einer vollständigen prozeduralen Spezifikation als Voraussetzung einer Programmierung ist nur eine strukturierte und routinierte Aufgabe zugänglich. Mechanisierte Hilfsmittel sind einem automatisierten Einsatz dann vorzuziehen, wenn die zu unterstützende Aufgabe aufgrund ihrer Unstrukturiertheit nicht vollständig formalisiert werden kann.

- Zwecks Entwurf und Implementierung einer zu automatisierenden Aufgabe sind eingehende Istuntersuchungen und die individuelle Programmierung der Funktionen erforderlich. Die Kosten der Realisierung spezifischer Büroinformationsfunktionen sind damit um ein Vielfaches höher als die der Realisierung genereller Funktionen.

- Die Quantität des Aufgabenanfalls muß den Aufwand der Automation rechtfertigen.

4.3.3.2. Aufbau gemeinschaftlicher Funktionen und Datenbestände

Neben dem Dilemma Mechanisierung vs. Automation steht die Gestaltung des Büroinformationssystems vor dem Problemkreis "Individualität oder Gemeinschaftlichkeit".

Initiiert und ermöglicht durch den Einsatz des Personal Computing werden in Unternehmungen zunehmend persönliche Datentypen und Funktionen aufgebaut. Damit ergeben sich Probleme der unkontrollierten Daten- und Funktionenredundanz mit den negativen Auswirkungen auf Wartung, Änderung und Aktualität von Daten/ Funktionen.

Das Ziel der Spezifikation muß darin bestehen, gemeinschaftliche Daten und Funktionen aber nicht nur aus Redundanzgründen aufzubauen. Zudem ist über einen gemeinschaftlichen Daten- und Funktionsbestand ein einheitliches Kooperieren mehrerer Aufgabenträger an einer gemeinsamen Aufgabe sicherzustellen:

- In Bezug auf Aufgaben eines Aufgabenträgers, die mit anderen Aufgabenträgern verbunden sind, hat die Spezifikation einheitliche Regeln zu erarbeiten, die den Informationsaustausch über Schnittstellen verbindlich festlegt. Eine wichtige Rolle spielt hier z.B. die Definition von Formularen.

- Die Spezifikation hat ferner einheitliche Lösungen für Leistungen des Büroinformationssystems zu definieren, auf die mehrere Aufgabenträger zurückgreifen. So muß z.B. für eine abteilungsweite Dokumentenverwaltung ein einheitlicher Deskriptorenbestand definiert und vorgegeben werden.

Die Abbildung bereichsweiter organisatorischer Tatbestände wird somit erforderlich, wenn über die Ebene des einzelnen Mitarbeiters hinaus Tatbestände durch das Büroinformationssystem beschrieben werden sollen, die eine organisatorische Einheit insgesamt betreffen (z.B. bestimmte organisatorische Regelungen). Während persönliche Datentypen Sachverhalte durchaus in einer unreglementierten Form aufzeichnen können (z.B. ein persönliches Adreßverwaltungssystem), müssen gemeinschaftlich genutzte Datenbestände und Funktionen nach einheitlichen Regeln aufgebaut und den Mitarbeitern der organisatorischen Einheit zur Verfügung gestellt werden.

Beispiel Adreßverwaltung: Verschiedene Mitarbeiter führen persönliche Adreßverwaltungen mit ihren Mikrocomputern durch, um Adressen für die Aufgabenerfüllung zu verwalten. Sucht ein Mitarbeiter nun eine Adresse, die nicht in seinem System gespeichert ist, so muß er bei Kollegen oder in einem zentralen Sekretariat nachfragen. Eine zentrale, d.h. gemeinschaftliche Adreßdatei, die bereichsweit interessierende Adressen bereitstellt, muß in diesem Fall aufgebaut werden.

Beispiel Dokumentenretrieval: Zwecks eines unternehmensweiten Retrievals von Dokumenten von allgemeiner Bedeutung, z.B. von Fachliteratur, ist diese Applikation zentral aufzubauen. Dies ermöglicht z.B., daß jeder Benutzer von seinem Arbeitsplatz aus Dokumente oder (bspw. an einer Hochschule Literatur) suchen kann.

Der Auf- und Ausbau gemeinschaftlicher Datenbestände setzt nicht notwendigerweise eine physische Zentralisierung der Daten auf einem Großrechner voraus. Organisatorische Gemeinsamkeit, hervorgerufen durch die Nutzung gemeinschaftlicher Informationen, erfordert bei Beibehaltung eines dezentralen DV-Charakters Lösungen zum Verbund der dezentralen Einheiten, z.B. durch den Aufbau eines lokalen Netzwerks.

Das Büroinformationssystem hat ferner einheitliche, innerhalb einer Unternehmung/eines Unternehmungsbereiches bestehende organisatorische Regeln abzubilden. Beispiele:

- Die Datentypen Büroaufgaben, Mitarbeiterbestand, Stellenzuordnungen, Arbeitsobjekte und Arbeitsergebnisse müssen bereichsweit (und daher über die Ebene des einzelnen Mitarbeiters hinaus) konzipiert werden, um Bürovorgänge einer organisatorischen Einheit in einem Büroinformationssystem abzubilden. Der Aufbau der Vorgangsdokumente, Regeln zum Ausfüllen der Dokumente, Regeln zum Transport der Dokumente zwischen Aufgabenträgern, Schnittstellen zu Spezialapplikationen sind Beispiele für Aufgabenbereiche zur koordinierten und gemeinschaftlichen Benutzung des Büroinformationssystems.

- Zum Aufbau eines einheitlichen Retrievals von Dokumenten, insb. von Fachliteratur, sind Deskriptoren zu erarbeiten, die als Unternehmens-Standard die Suchprozesse unterstützen.

Die Beispiele verdeutlichen die Rolle einheitlicher organisatorischer Regeln des Büroinformationssystems für das gemeinschaftliche Kooperieren an Aufgaben durch mehrere Aufgabenträger. Um diese Leistungen zu erreichen, sind Gestaltungsaufgaben vor der eigentlichen Implementierung erforderlich. Diese Aufgaben haben Regeln zu definieren, die nicht in der alleinigen Verantwortung eines Mitarbeiters festzulegen sind.

4.3.3.3. Daten- und Werkzeugkompatibilität

Die Unterscheidung zwischen persönlichen und bereichsweiten Datenbeständen/ Funktionen macht Aussagen darüber erforderlich, mit welchen Funktionen welche Datentypen zu unterstützen sind. Aus Kompatibilitätsgründen ist es weitgehend zu vermeiden, einem Benutzer für persönliche und bereichsweite Exemplare des gleichen Datentypbestandes unterschiedliche Funktionen anzubieten.

Zwei Alternativen, gemeinschaftliche Datenbestände durch Funktionen zu unterstützen, stehen prinzipiell zur Verfügung:

- Gemeinschaftliche und persönliche Exemplare eines Datentyps werden durch ein Werkzeug verwaltet bzw. bearbeitet.

- Für gemeinschaftliche und persönliche Exemplare eines Datentyps werden verschiedene Werkzeuge eingesetzt.

Die Dominanz der zweiten Alternative in vielen Unternehmungen entspringt zumeist der Zwangssituation, zwar einerseits Endbenutzerwerkzeuge auf Mikrocomputern zur Verfügung zu stellen, andererseits aber weiterhin auf bereits bestehende Applikationen auf den Zentralrechnern angewiesen zu sein. Eine Übernahme dieser zentralen Anwendungen auf die Mikrocomputer scheidet neben softwaretechnischen Restriktionen vor allem durch den vielerorts notwendigen gemeinschaftlichen Zugriff mehrerer Mitarbeiter auf einen Datenbestand aus, der durch die zumeist stand-alone eingesetzten Mikrocomputer nicht realisiert werden kann.

Aus Gründen einer Daten- und Werkzeugkompatibilität und aus der Zielsetzung heraus, das Angebot an Werkzeugen für den Benutzer nicht unnötig zu vermehren, sollte zur Bearbeitung von persönlichen und bereichsweiten Exemplaren eines Datentyps ein Standardwerkzeug angeboten werden. Ansonsten wird eine Konversion zwischen Werkzeugen erforderlich sein, um die (u.U. auch unterschiedlich strukturierten/formatierten) Datenbestände verschiedener Werkzeuge untereinander zu verbinden, z.B.

- um (an einer Hochschule) das Ergebnis einer Literaturrecherche in der Zentralbibliothek oder in einer der Institutsbibliotheken auch in einem persönlichen Retrievalsystem verwalten zu können oder,

- um ein Dokument, das mit dem Editor A erstellt worden ist, von einem Editor B weiterverarbeiten zu können oder

- um auf einem Arbeitsplatzrechner an die aus einem gemeinschaftlichen Adreßsystem selektierten und heruntergeladenen Adressen von Personen Einladungen für ein bevorstehendes Seminar zu drucken.

Konversionsprogramme ("Brücken") sind bei Wahl der zweiten Alternative den Benutzern in ausreichender Anzahl zur Verfügung zu stellen.

4.3.3.4. Unternehmensweite Dokumentenarchitektur

Eine wesentliche Aufgabe der Spezifikation besteht darin, kommunikations- bzw. netzwerktechnische Voraussetzungen für den Verbund von Arbeitsplätzen in einer Unternehmung zu schaffen. In diesem Zusammenhang müssen Standards für das

Format eines unternehmungsweiten Dokumentenaustausches definiert werden. Durch derartige Standards wird sichergestellt, daß ein empfangenes Dokument durch den Empfänger uneingeschränkt weiterverwendet und weiterbearbeitet werden kann.

Um den Dokumentenaustausch und die Weiterverwendbarkeit sicherzustellen, sind in erster Linie Standards über Dokumenten-Editoren erforderlich, die zur Erstellung/Verarbeitung benutzt werden. Ein Editorenstandard stellt sicher, daß versandte Dokumente bei den Empfängern überhaupt von den dort verfügbaren Dokumenteneditoren benutzt werden können.

Beispiel: An der Hochschule St. Gallen hat sich für die Textproduktion in starkem Maße ein spezielles Textverarbeitungsprogramm durchgesetzt, so daß in dessen Format ein hochschulweiter Dokumentenaustausch abgewickelt werden könnte. Daneben sind jedoch weitere Texteditoren vorhanden (z.B. Texteditoren innerhalb integrierter Softwarepakete oder Texteditoren spezifischer Textautomaten), die über eigene Formate verfügen. Ein einfacher Standard könnte darin gesehen werden, Dokumente nur noch im ASCII/DOS-Format auszutauschen, um damit die Verwendbarkeit durch die verschiedenen Editoren zu sichern. Dabei gingen jedoch wichtige layoutspezifische Informationen des Dokumenteninhalts verloren (z.B. Steuerzeichen für Unterstreichen von Text, Seitennumerierung, Fußnoten etc.). Standards für den Austausch nicht textorientierter Dokumente, wie z.B. von Graphiken oder Spreadsheet-Tabellen, sind ebenfalls zu formulieren. In diesem Fall könnten Lösungen auf der Basis integrierter Softwarepakete herangezogen werden, die über Editoren zur Erstellung von Text, Graphik und Spreadsheets verfügen.

In diesem Zusammenhang sei auf die Bemühungen verschiedener Institutionen hingewiesen, die eine Normung von Architekturen und Austauschformaten von Dokumenten zum Ziel haben, um die Struktur und das Format eines Dokumentes als Basis einer beliebigen Kommunizierbarkeit und Bearbeitungsfähigkeit auch durch verschiedene Kommunikationssysteme und Editoren zu vereinheitlichen. Beispiele diesbezüglicher Normungsanstrengungen sind die Dokumentenarchitekturmodelle

ODA (Office Document Architecture) der ECMA (European Computer Manufacturers Association) und DCA (Document Content Architecture) der IBM sowie die Dokumentenaustauschformate ODIF (Office Document Interchange Format) der ECMA und DIA (Document Interchange Architecture) der IBM (vgl. dazu u.a. Blumenfeld; Horak; Horak/Krönert; Krönert; IBM, 2; Schumann). Nachfolgend soll kurz auf ODA/ODIF eingegangen werden.

Grundgedanke von ODA ist es, den Inhalt eines Dokumentes in eine logische Struktur und eine Layout-Struktur zu unterteilen. Die logische Struktur gibt die Zusammensetzung eines Dokumentes aus logischen Objekten, wie z.B. Inhaltsverzeichnis, Titelüberschrift, Abschnitt, Abbildung oder Literaturhinweis wieder. Die Layout-Struktur drückt dagegen den Aufbau des Dokumentes aus Layout-Objekten aus, wie z.B. Seite, Ränder, Schriftart oder Schriftgröße.

Logische Struktur und Layout-Struktur liefern zwei verschiedene Sichten auf die Primärinformation eines Dokumentes, d.h. auf den Dokumenteninhalt. Dieser wird durch eine sog. Subarchitektur strukturiert. Eine Text-Subarchitektur unterscheidet z.B. die logischen Objekte Zeichen, Worte, Zeilen und Absatz. Gegenwärtig kennt ODA Subarchitekturen für die Informationsarten Zeichentext (character), Image und Graphik. Für die Zukunft sind weitere Subarchitekturen, z.B. für Sprache und mathematische Formeln, vorgesehen.

Logische Struktur und Layout-Struktur sind korrespondierende Sichten auf die Primärinformation. Durch Korrespondenzregeln (Layout-Direktiven) wird die Verbindung von Layout-Objekten und logischen Objekten ausgedrückt. Mit ihnen werden semantische Beziehungen zwischen den Objekten gekennzeichnet, durch die der Editierprozeß erheblich erleichtert werden kann (vgl. dazu auch Burkhart/ Nievergelt, S. 174). Beispiele für derartige Beziehungen sind: a) Anordnung eines Titels als Kopfzeile auf den Seiten des entsprechenden Kapitels oder b) Aufbau eines Inhaltsverzeichnisses anhand der Überschriften der vorhandenen Kapitel.

Ein Dokument setzt sich insgesmt aus a) den Definitionen der logischen Objekte und Layout-Objekte und b) aus der konkreten Verwendung der definierten Objekte auf einem Dokumenteninhalt (Primärinformation) zusammen.

Während ODA die Bedeutung von Dokumentenbestandteilen und Regeln über deren Aufbau zu einem Dokument definiert, legt ODIF Vorschriften für den Austausch eines Dokumentes zwischen Kommunikationssystemen fest. Im wesentlichen wird das Datenformat eines zu kommunizierenden Dokumentes reglementiert. Auf Einzelheiten soll hier nicht näher eingegangen werden. ODIF ermöglicht es, daß Objektdefinitionen zusammen mit den Objektverwendungen und dem Dokumenteninhalt ausgetauscht werden können. Damit ist die empfangende Station in der Lage, die Objekte des übertragenen Dokumentes zu erkennen und ebenfalls zu verwenden, d.h. ein weiterer Editier- oder Formatierungsvorgang erfolgt konform zum angestrebten Einsatzzweck des Dokumentes.

4.3.3.5. Schnittstellen zu anderen betrieblichen Informationssystemen

Im Modell wurde das Büroinformationssystem als Basismedium für das Informations- und Dokumentenmanagement zu oder zwischen dedizierten Büroaufgaben vorgestellt. In dieser Funktion stellt es insb. den datenmäßigen Verbund von Büroaufgaben durch die Bereitstellung erforderlicher Arbeitsobjekte sicher. Zu diesem Zweck besteht eine wichtige Spezifikationsaufgabe darin, Schnittstellen zwischen dem Büroinformationssystem und Büroaufgaben (bzw. anderen betrieblichen Informationssystemen) mit dem Ziel zu entwerfen,

- die Daten (und Funktionen) der Informationssysteme im Sinne einer Integration betrieblicher Informationsverarbeitung vor allem unter dem Aspekt der Integrität und unter Vermeidung von Redundanzen zu vereinheitlichen sowie

- Schnittstellen für den Informationsaustausch mit anderen betrieblichen Informationssystemen zu definieren.

Die Integration des zu realisierenden Büroinformationssystems in eine im Normalfall bereits bestehende Umgebung betrieblicher Informationssysteme macht dazu individuelle Anpassungsprozesse erforderlich. Diese entstehen primär dadurch, daß das Büroinformationssystem - wie es das generelle Modell vorsieht - Datentypen spezifiziert, die

- u.U. bereits Gegenstand anderer Informationssysteme sind oder
- als aufzubauende Leistungen bereits bestehende Informationssysteme adäquat ergänzen müssen.

In Anlehnung an die Gliederung betrieblicher Informationssysteme in

- Informations- und Planungssysteme,
- dispositive Systeme und
- administrative Systeme (vgl. Mertens, S. 7ff.)

ist auf jeder Stufe eine Integration mit dem Büroinformationssystem anzustreben.

Eine Integration mit Administrationssystemen macht eine weitergehende Automation der Verarbeitung numerischer Masseninformationen möglich. Im Falle der Integration zu Dispositions- und Planungssystemen leistet das Büroinformationssystem zusätzlich einen Beitrag zur Gewinnung und Verwertung qualitativer Informationen.

Folgende Beispiele hinsichtlich der Schnittstellen zwischen den Informationssystemen mögen diese Aussagen verdeutlichen:

- Schnittstellen zwischen Planungs-/Dispositions- und Büroinformationssystem: Das Büroinformationssystem verwaltet Dokumente betreffend Prognosen und Einschätzungen zur Zinsentwicklung. Diese (u.U. qualitative) Information geht als Zinsfuß in Berechnungen von Unternehmungsplanungsmodellen ein (etwa zur Schätzung von zukünftigen Kapitalbeschaffungskosten).

- Schnittstellen zwischen Administrations- und Büroinformationssystem: Ein Mitarbeiter füllt täglich ein (elektronisches) Formular "Arbeitsrapport" aus, in dem er Aufgaben und geleistete Arbeitsstunden festhält. Dieses sendet er mit einem Electronic-Mail-System seinem Vorgesetzten. Dort geht es in die Applikation Lohn- und Gehaltsabrechnung ein, die anhand der Formulareintragungen den Monatslohn des Mitarbeiters errechnet.

Durch die Integration des Büroinformationssystems mit anderen betrieblichen Informationssystemen bzw. Aufgaben eröffnet sich neben der rechnergestützten Abwicklung eines vorgefundenen Istzustandes vor allem die grundsätzliche Option einer Neugestaltung betrieblicher Aufgaben. Die Integration von Daten und Funktionen als auch die Möglichkeiten integrierter Informationstechnik fordern die Neugestaltung von Aufgabensystemen bzw. die Überprüfung ablauforganisatorischer Regelungen heraus.

Die beiden folgenden Beispiele mögen die Aufgaben der datenmäßigen Integration des Büroinformationssystems verdeutlichen.

Beispiel 1: Aufbau des Datentyps Dokumentenbestand

Der Datentyp Dokumentenbestand wurde in das Modell eingeführt, um einerseits die in einer Unternehmung vorhandenen Dokumente einheitlich primär unter bibliographischen Gesichtspunkten zu beschreiben als auch die Funktion eines Dokumentes als Arbeitsobjekt und Arbeitsergebnis für Büroaufgaben zu kennzeichnen.

Da in einer Unternehmung i.d.R. bereits formatierte Dokumenteninhalte in den verschiedensten Dateien mit Hilfe dedizierter Datensatzbeschreibungen erfaßt und verwaltet werden, muß der Datentyp Dokumentenbestand mit diesen dedizierten Entitätsmengen verbunden werden (vgl. auch Kap. 3.2.3.2.).

Diese Integration erlaubt es zudem, bibliographische Informationen über ein Dokument mit dedizierten inhaltlichen Informationen zu verbinden, z.B. mit der Beschreibung eines Dokumentes aus der Sicht des Informationssystems Rechnungswesen (das Dokument "Rechnung" wird dort vor allem in buchungstechnischer Hinsicht bspw. durch Attribute wie Rechnungsnummer, gelieferte Waren und Rechnungswert beschrieben). Durch die Integration bibliographischer und dedizierter inhaltlicher Informationen werden verbundene Aussagen und Abfragen wie z.B.

- "Welche Lieferantenrechnungen werden gegenwärtig bearbeitet?"

- "Ist die Lieferantenrechnung AB schon von der Stelle XY bearbeitet worden?"

- "Wer hat zuletzt Rechnung XY benutzt?"

- "An welchem Ablageort befindet sich die Rechnung XY?"

- "Besteht für die Rechnung XY ein Zugriffsschutz?"

- "Welche Rechnungen sind gestern eingegangen und/oder ausgegangen?"

möglich.

Der Verbund des Datentyps Dokumentenbestand mit dedizierten Datentypen ist über das Attribut Dokumentinhalt (vgl. Datenstruktur in Kap. 3.2.2.3.) möglich. Die Anpassung besteht darin, eine Referenz zwischen den Datentypen über das globale Attribut Dokumentinhalt herzustellen und Redundanzen zwischen den Datentypen zu beseitigen. Die folgende Abbildung skizziert eine mögliche Integrationslösung. Danach könnte in Abhängigkeit eines bestimmten Deskriptors (z.B. "Rechnung", "Bestellung" oder "Wirtschaftsgutachten") das Attribut Dokumentinhalt auf den entsprechenden dedizierten Datentyp verweisen.

Mit der hier skizzierten Integrationslösung über den Datentyp Dokumentenbestand wird sich in einer Unternehmung eine umfassende Datenreorganisation verbinden. Sie ist allerdings notwendige Voraussetzung für die datenmäßige Integration des Büroinformationssystems.

4.3.3.2./1. Anpassung des Datentyps Dokumentenbestand an dedizierte Datentypen

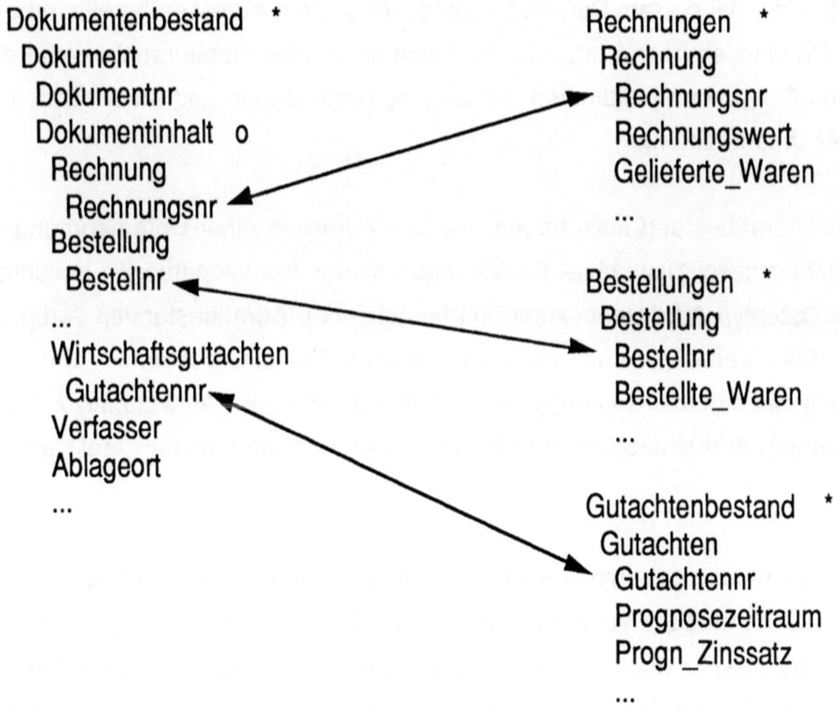

Der Weg über relationale Datenbanksysteme wird dabei für viele Unternehmungen nur mittel- oder langfristig gangbar sein. Gerade bei Unternehmungen vor allem kleiner und mittlerer Größe ist die Informationsverarbeitung noch von COBOL-Programmen mit ihrer eigenen, in hohem Maße redundanten Datenhaltung geprägt, die zudem nicht auf einem Datenbankmanagementsystem basiert.

Beispiel 2: Die Anpassung des Datentyps Adressenbestand

Das generelle Modell konzipierte den Datentyp Adressenbestand zur Beschreibung der Adressen von Kontaktpersonen, die zu dem Untersuchungsobjekt in einer bereits realisierten oder potentiellen Beziehung stehen. Es ist nun vorstellbar, daß ein Großteil der mit diesem Datentyp zu beschreibenden Adressen bereits in bestehenden Dateien enthalten ist, z.B. in Kreditoren- oder Debitorenstammdateien. Diese Adreßangaben entstammen der leistungserstellenden und -anbietenden Tätigkeit der Unternehmung.

Um einen Adreßbestand aufzubauen, der alle Adressen einer Unternehmung umfaßt und über geschäftsmäßige Beziehungen hinaus Kontaktpersonen beschreibt, muß der Datentyp Adressenbestand mit bestehenden Adreßbeständen verbunden werden. Dies kann - wie im vorangegangenen Beispiel gesehen - durch die Einführung eines gemeinsamen globalen Attributs (hier z.B.: Adressennr) zwischen dem Datentyp Adressenbestand und dedizierten Adreßdatentypen realisiert werden.

Desweiteren müssen ebenfalls Redundanzen zwischen den Datentypen beseitigt werden. Die Redundanz kann darin bestehen, daß mehrere Datentypen (z.B. der Datentyp Adressenbestand und der Debitorenstammsatz) identische Adreßattribute spezifizieren. Für die Beseitigung der Redundanz läge es nun nahe, bestimmte Adreßattribute bspw. des Debitorenstammsatzes nicht mehr zu berücksichtigen. Diese Anpassung würde zwar die Redundanz zwischen den beiden Datentypen aufheben. Sie kann aber das Problem mit sich bringen, daß bestehende Applikationen diese Attribute benötigen (z.B. die Funktion Angebotserstellung und -druck, die auf Adreßattribute des Debitorenstammsatzes zurückgreift).

Dieses Beispiel verdeutlicht, daß Anpassungs- und Schnittstellenprozesse zwischen den Datentypen des Modells einerseits und bestehenden Datentypen der betrieblichen Informationsverarbeitung andererseits unternehmungsspezifisch unter Abschätzung möglicher Folgewirkungen durchzuführen sind.

4.3.4. Probleme der Phase Implementierung

Nachdem ein unternehmungsspezifisches Modell bedarfsgerechte Datentypen und Funktionen bestimmt hat, gilt es, diese Vorgaben zu realisieren. Aus der Vielzahl dabei möglicher Probleme sollen die beiden folgenden Aspekte näher diskutiert werden.

4.3.4.1. Auswahl einer informationstechnischen Lösung

Eine wesentliche Aufgabe der Implementierung besteht neben der prioritätsgeleiteten Planung der einzelnen Realisierungschritte darin, das spezifizierte Büroinformationssystem zu konfigurieren. Für die Modellkomponenten müssen dabei informationstechnische Entsprechungen geschaffen werden. Das Modell beinhaltet dazu bewußt keine direkten Vorschriften und Richtlinien. Dadurch wird dem generellen Anspruch des Modells als Vorlage für unterschiedliche Einsatzbereiche entsprochen. Vorschriften zur Konfigurierung des Systems sind deshalb nur aufgrund der individuellen Bedarfssituation einer Unternehmung zu entwickeln. Infolge dieser informationstechnischen Offenheit besteht bei der Wahl einer informationstechnischen Lösung eine relative Entscheidungsfreiheit.

Beispiel Adressenverwaltung: Diese Funktion kann in Abhängigkeit des Mengengerüstes bspw. mit einem dedizierten Datenbanksystem auf einem Mikrocomputer (wie z.B. "dBase III") oder einem integrierten Softwarepaket (wie z.B. "Framework") realisiert werden. Allgemein stehen unter dem Blickwinkel der Hardware vielfältige Alternativen zwischen rein zentralen Lösungen auf Großrechnern und rein dezentralen Lösungen auf Mikrocomputern offen.

Beispiel Dokumentenkommunikation: Um das Teilmodell der Dokumentenkommunikation mit Hilfe einer bestimmten Informationstechnik zu implementieren, sind auch mehrere Alternativen möglich. Zwei grundsätzliche Varianten sind:

- Zentralisierung des Datenbestandes im Sinne der aktionsorientierten Datenverarbeitung: Der Datenbestand wird zentral unter Ausschaltung der physischen Dokumentenkommunikation gespeichert. Dafür werden die Dokumentenbewegungen zwischen Teilaufgaben logisch simuliert. Über ein Electronic-Mail-System werden nicht die Dokumente, sondern lediglich Impulse versandt, die einen Mitarbeiter zur aufgabengemäßen Bearbeitung eines Dokumentes auffordern. Die Impulse werden von einem zentralen Monitorsystem verteilt. Die Dokumente sind zentral in Form von Entitätstypen eines Datenbanksystems abgelegt. Auch ist es vorstellbar, beim Austausch primär textorientierter Vorgangsdaten ein Bulletin-Board-System (oder Electronic-Conferencing-System) zur zentralen Datenhaltung einzusetzen (vgl. z.B. Jacob/Lanker).

- Beibehaltung der Dokumentenbewegungen: Die Dokumentenbewegungen zwischen Aufgaben werden nicht logisch simuliert, sondern physisch durch das Electronic-Mail-System realisiert. Je nach Bedarf speichert der Mitarbeiter dezentral die Vorgangsdokumente ab. Diese Variante wird u.a. dann zu wählen sein, wenn einerseits an den Arbeitsplätzen nur dezentrale Werkzeuge zur Abbildung des Vorgangs bereitstehen, die lediglich das Operieren auf dem lokalen Datenbestand zulassen und andererseits ein zentrales Datenbankmanagementsystem oder Monitorsystem in einer Unternehmung nicht verfügbar sind.

Die Beispiele verdeutlichen die Wahlfreiheit bei der Umsetzung des individuellen Modells in informationstechnische Leistungen. Diese Wahlfreiheit wird jedoch dahingehend eingeschränkt, daß eine Kompatibilität

- von Hard- und Software (z.B. Kompatibilität von Diskettenformaten, Einsetzbarkeit eines Anwendungsprogramms auf mehreren Rechnern) bzw.

- von durch Hard- und Software realisierten Lösungen (z.B. einem abteilungsweiten Dokumentenversand- und -empfangssystem)

sicherzustellen ist. Um dies zu erreichen, wird vor allem bei einer stufenweisen Realisierung des Büroinformationssystems eine neue informationstechnische Leistung unter Beachtung der bereits bestehenden oder geplanten EDV-Infrastruktur aufzubauen sein. Aus den Kompatibilitätsanforderungen ergeben sich so wichtige unternehmungsspezifische Implementierungs- und Konfigurierungsvorschriften zur informationstechnischen Umsetzung des Modells.

Die Realisierung informationstechnischer Lösungen wird bestimmt und beeinflußt von einer Vielfalt hardwaretechnischer und softwaretechnischer Alternativen. Bezüglich der Anwendungssoftware ist die Realisierung eines Büroinformationssystems eindeutig von dem Angebot an Standardsoftware geprägt. Die Tatsache der zunehmenden Marktverfügbarkeit immer leistungsfähigerer Standardsoftware legt es nahe, auf diese zurückzugreifen und auf eine Eigenprogrammierung weitgehend zu verzichten. Der Rückgriff auf Standardsoftware birgt aber grundsätzlich den Nachteil einer nicht frei definierbaren Datenstruktur in sich. Damit ist die Umsetzung der vorgeschlagenen Modellelemente eingeschränkt. Gerade die Integration von Büroautomationsdatentypen mit Datentypen anderer betrieblicher Informationssysteme ist aufgrund der hohen Unternehmungsindividualität aber nur über eine eigene Systementwicklung möglich.

Bei Einsatz von Standardsoftware besteht die Hauptzielsetzung der Implementierung darin, die aus dem generellen Modell abgeleiteten individuellen Anforderungen mit marktverfügbaren Werkzeugen in individuelle Leistungen umzusetzen. Dieser Vorgang der Angleichung der Werkzeuge an individuelle Bedürfnisse besteht - unter Beachtung der Kompatibilitätsanforderungen - im wesentlichen aus drei Teilaufgaben:

(1) Entsprechung der Werkzeuge untersuchen

Das Marktangebot von Werkzeugen für Büroinformationssysteme ist vielfältig. Es umfaßt sowohl Werkzeuge für multi-user, multi-tasking Großrechnersysteme als auch für Mikrocomputersysteme. Andererseits umfaßt es Spezialwerkzeuge, die lediglich einen bestimmten Modellbereich abdecken (z.B. Texteditoren). Aber auch Werkzeugpakete, die mehrere Bereiche unterstützen, werden auf dem Markt angeboten. Die folgende Abbildung gibt eine Übersicht über marktverfügbare Werkzeuge - ohne Anspruch auf Vollständigkeit - auf zwei Gebieten: a) integrierte Werkzeugpakete für den Einsatz auf Großrechnern und b) integrierte Werkzeugpakete für den Einsatz auf Mikrocomputern. Die Abbildung führt nur solche Produkte auf, die Lösungen für mehrere Teilbereiche der Modellvorgabe offerieren. Die Spalte "Leistungen" kennzeichnet dabei, welche Modellbereiche durch das Produkt abgedeckt werden.

Obwohl - wie die Abbildung verdeutlicht - fast alle Produkte Leistungen auf allen Modellbereichen anbieten, divergiert dennoch das Angebot innerhalb eines Modellbereiches zwischen verschiedenen Produkten. Die Angebotsvielfalt erhöht zwar die Wahrscheinlichkeit, eine geforderte Lösung zu finden, jedoch muß sie mit einem intensiven Evaluationsaufwand erkauft werden.

(2) Abbilden individueller Anforderungen mit Hilfe der Werkzeuge

Die Evaluation von marktverfügbaren Lösungen kann ein Spezialwerkzeug/Werkzeugpaket zum Ergebnis haben,

- das entweder standardmäßig eine benötigte Lösung bereitstellt oder

- dessen Leistungen auf eine benötigte Lösung eingerichtet werden können.

Im ersten Fall konnte ein Produkt ausgewählt werden, das individuelle Anforderungen (z.B. Fußnotenverwaltung innerhalb einer Textverarbeitungsumgebung, eine Adreßdatei) an ein Büroinformationssystem erfüllt. Im zweiten Fall konnte ein Produkt ausgewählt werden, das Optionen für die Einrichtung einer individuellen Lösung anbietet. Die Programmierung eines Sollkonzepts im traditionellen Sinne wird bei dieser Alternative durch das "Einrichten" des Werkzeuges auf spezifizierte Anforderungen ersetzt.

Als Beispiele für Werkzeuge mit Optionscharakter können insbesondere die erwähnten integrierten Programmpakete für Mikrocomputersysteme angesehen wer-

4.3.4.1./1. Angebot von Werkzeugen für ein Büroinformationssystem

1. Angebot für Großrechnersysteme

Produkt	Anbieter	Leistungen
ALL-IN-1	Digital Equipment	NA, TP, DE, DV
CON-NECT	Software AG	NA, TP, DE, DV
DISOSS	IBM	NA, DV
HOST	Thorn EMI	NA, TP, DE, DV
NOTIS	Norsk Data	NA, DE, DV
PROFS	IBM	NA, TP, DE, DV

Quellen: DEC; Software AG; IBM, 3; Norsk Data; IBM, 4

Legende:

NA - Nachrichtenaustausch; TP - Termin-/Arbeitsplanung;
DE - Dokumentenerstellung; DV - Dokumentenverwaltung

2. Angebot für Mikrocomputersysteme

Produkt	Anbieter	Leistungen
BÜROSYS. 3000	Philips	NA, TP, DE, DV
ENABLE	Markt & Technik	TV, SpS, DB, G, Ko
FRAMEWORK II	Ashton Tate	TV, SpS, DB, G, Ko
JAZZ	Lotus Development	TV, SpS, DB, G, Ko
OPEN ACCESS	SPI	TV, SpS, DB, G, Ko
SYMPHONY	Lotus Development	TV, SpS, DB, G, Ko

Quellen: Philips; Bold, S. 120

Legende:

TV - Textverarbeitung; SpS - Spreadsheet; DB - Datenbank;
G - Graphik; Ko - Kommunikation

den. Mit dem angebotenen Werkzeugreservoir (vornehmlich Leistungen auf den Gebieten Textverarbeitung, Tabellenkalkulation, Datenbankverwaltung, Graphik und Kommunikation) müssen individuelle Leistungen erst realisiert werden, z.B. eine Funktion Dokumentenverwaltung durch die angebotene Datenbankumgebung.

Der Einsatz von Werkzeugen mit Optionscharakter wird dann zu wählen sein, wenn eine zu implementierende Funktion nur unzureichend durch ein Spezialsystem abgedeckt wird und der Aufwand des "Einrichtens" der Funktion mit Hilfe der Werkzeuge gerechtfertigt erscheint.

(3) Verbinden von Werkzeugen

Ein Standard-Werkzeug allein wird sicherlich nicht alle Anforderungen an ein Büroinformationssystem erfüllen können bzw. Stärken und Schwächen bei bestimmten Teilleistungen aufweisen. Diejenigen Modellbereiche, die nicht zufriedenstellend abgedeckt sind, bedürfen der Lösung durch ein anderes Werkzeug oder sind im Rahmen einer unternehmensindividuellen Systementwicklung zu lösen.

Dadurch ergeben sich Schnittstellen zwischen den Werkzeugen, die individuell realisiert werden müssen. Beispiel: Verbund der Adreßdatei innerhalb eines Datenbankverwaltungssystems mit einem Textverarbeitungsprogramm zum Zwecke des "Mail-Merges" von Einladungen an selektierte Adressen.

In dem Fall, daß aufgrund der Dezentralisierung der betrieblichen Informationsverarbeitung durch Mikrocomputer die Leistungen des Büroinformationssystems sowohl auf zentralen als auch dezentralen Systemen plaziert werden, hat die Implementierung ebenfalls die Werkzeuge unterschiedlicher Hardwaresysteme zu verbinden (z.B., um Verkaufsdaten aus einem zentralen Informationssystem zu selektieren und dezentral auf einem Mikrocomputer zu analysieren).

4.3.4.2. Benutzerbezogene Gestaltungsaufgaben

In den bisherigen Ausführungen zur menschlichen Komponente von Büroinformationssystemen ist immer wieder von der Vorstellung des kompetenten und das System bedienungsfähigen Benutzers ausgegangen worden, der die Technik werkzeugartig für anstehende Aufgaben einsetzt. Um dieses Bild der Benutzung des Büroinformationssystems in reales Verhalten umzusetzen, sind wichtige Prämissen während Systemgestaltung und Betrieb zu beachten.

Drei wesentliche Gesichtspunkte sollen herausgegriffen werden, die sich mit den Anforderungen an Systemgestaltung, Informationstechnik und Benutzer befassen.

(1) Forderungen an die Systemgestaltung

Die erfolgreiche Nutzung eines Büroinformationssystems hängt von unterschiedlichen Einsatzbedingungen ab. Die positive und zielgerechte Beeinflussung dieser Bedingungen ist eine wesentliche Aufgabe der Systemgestaltung. In empirischen Analysen über Einsatz und Nutzung von Büroinformationssystemen konnten neben technikbedingten Leistungsmerkmalen (wie z.B. Zuverlässigkeit) verschiedene weitere Faktoren als nutzungsdeterminierende Variablen festgestellt werden (vgl. u.a. Heinze/Zangl, S.4f.; Schellhaas/Schönecker, S. 137ff.; Picot, S. 21ff.). In Anlehnung an diese Erkenntnisse sollen Vorstellungen über die Nutzungsdeterminanten eines Büroinformationssystems entwickelt werden, aus denen wesentliche Aufgaben der Systemgestaltung abgeleitet werden können.

Das Büroinformationssystem besteht - wie in Kap. 2.2.1. ausgeführt - aus den Elementen Mensch, Informationstechnik sowie Büroarbeit und Büroinformationen. Die beiden Elemente Büroarbeit und Büroinformationen werden aus Gründen der Vereinfachung im folgenden zu Büroarbeit zusammengefaßt. Die Interdependenzen dieser drei Elemente konstruieren ein konkretes Büroinformationssystem.

Auf sie wirken im wesentlichen drei Einflüsse ein (vgl. Abb. 4.3.4.2./1.):

- Die Beziehung Technik-Mensch wird einerseits bestimmt von persönlichen Einstellungen und Erwartungen des Menschen an die Unterstützungsleistungen, andererseits von seinem Willen und seiner Fähigkeit zur Nutzung der Technik.

- Die Beziehung Büroarbeit-Technik wird bestimmt von den Unterstützungspotentialen und der Aufgabenadäquanz der Technik. Diese Beziehung wird von der Unterstützbarkeit einer Aufgabe durch Informationstechnik beeinflußt.

Die Art der Leistungspotentiale sowie Einstellungen und Fähigkeiten des Benutzers können somit als drei Hauptfaktoren zur Nutzung eines Büroinformationssystems betrachtet werden. Auf jeden Faktor kann die Systemgestaltung durch die Schaffung spezieller Einsatzbedingungen Einfluß nehmen, um eine Situation zu schaffen, in der negative Folgen des Einsatzes des Systems vermieden werden.

Zu den - in den o.a. empirischen Untersuchungen bestätigten - Einsatzprinzipien, die auf die Art der Leistungs- und Unterstützungspotentiale der Informationstechnik einwirken, gehören u.a.

- die arbeitsplatznahe dezentrale Geräteaufstellung,

- das Vermeiden von Mehrfachzuordnungen von Personen auf Geräte,

- das Bereitstellen aufgabengerechter Werkzeugfunktionen sowie

- die bedarfsspezifische Ausbaufähigkeit, Offenheit und Kompatibilität der eingesetzten Systeme.

Zu den Einsatzbedingungen, die die Fähigkeiten des Benutzers als auch die der Informationstechnik beeinflussen, wird in den beiden folgenden Unterkapiteln einzugehen sein (Forderungen an Informationstechnik und Forderungen an Benutzer). Zu den Einsatzbedingungen und -prinzipien, die auf Einstellungen und Erwartungen des Benutzers über die Informationstechnik einwirken, zählt neben Schulungs- und Betreuungsmaßnahmen vor und während des Betriebes vor allem die aktive

Partizipation der Benutzer am Gestaltungsprozeß. Durch sie können Unsicherheiten und Widerstände des Benutzers abgebaut werden, da durch die Beteiligung die Notwendigkeit zur Einführung und Nutzung des Informationssystems erkannt wird. Einsatzfähigkeit und -willen werden aus der eigenen Erfahrung heraus initiiert. Voraussetzung dafür ist, daß der Benutzer eine aktive Mitwirkungsfunktion während der Systemgestaltung erhält (zur Konzeption einer partizipativen Systemgestaltung vgl. u.a. Anders, S. 184ff; Mambrey/Oppermann; Kubicek, S. 336ff.).

4.3.4.2./1. Einflußfaktoren der Nutzung eines Büroinformationssystems

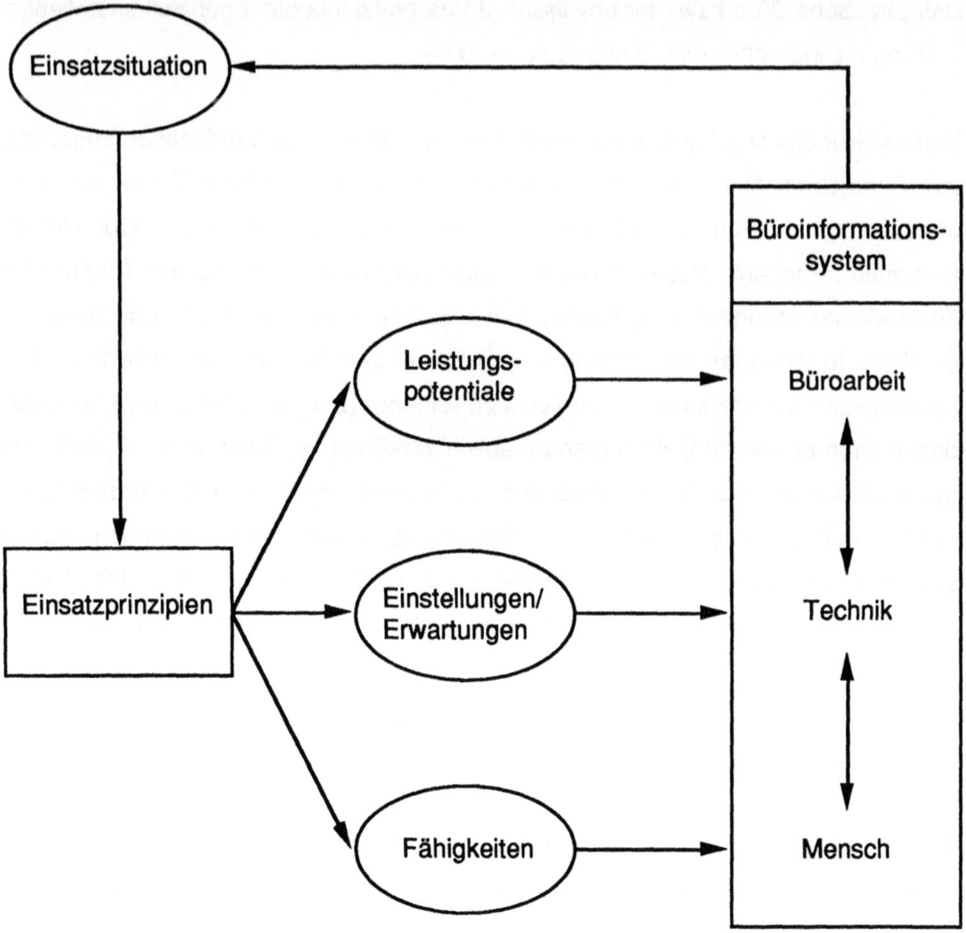

(2) Forderungen an die Informationstechnik

Im Mittelpunkt dieser Forderungen stehen Fragen der Benutzerfreundlichkeit der Informationstechnik. Die Gestaltung der Mensch-Maschine-Schnittstelle muß von dem Prinzip geleitet sein, die Akzeptanz des Systems durch den benutzerfreundlichen Aufbau der Benutzeroberfläche zu fördern.

Vor diesem Hintergrund kann dem Bestreben große Bedeutung beigemessen werden, das Informationssystem in Analogie zu realen, einem Benutzer bekannten Elementen der Büroarbeit zu gestalten. Dadurch wird das Ziel verfolgt, die Vorstellungen und Sichtweisen, die ein Mitarbeiter von realen Sachverhalten der Büroarbeit gewonnen hat, innerhalb der Mensch-Maschine-Schnittstelle nachzubilden. Das physische Büro bzw. der physische Büroarbeitsplatz dient der Schnittstellengestaltung als Metapher (vgl. Smith et al., S. 301).

Dieses Grundprinzip lag z.B. der Gestaltung der Xerox-Star Workstation zugrunde. Ihre Benutzerschnittstelle gilt als ein Idealbild einer benutzerfreundlichen Informationssystemgestaltung. Die üblichen, in einem Büro vorkommenden Objekte wie Dokument, Postfach, Papierkorb haben elektronische Entsprechungen ("Ikonen" in Form kleiner graphischer Symbole). Sie erleichtern die Benutzung des Systems, da diese in weitgehender Analogie zum bekannten Bürogeschehen erfolgt. Der Lernaufwand wird dadurch im Vergleich zu anderen (z.B. mit Menue- und Kommandosprachen realisierten) Systemen erheblich verkürzt (vgl. Smith et al., S. 301). Die genannten elektronischen Objekte bilden als Repräsentanten eines persönlichen Schreibtisches ("office desktop") die Umgebung, in der und mit der der Benutzer das System bedient (vgl. zum Problemkreis der Gestaltung der Mensch-Maschinen-Schnittstelle auch Hines, S. 285f.; Lee/Lochovsky, S. 7ff.; Smith et al., S. 303ff.).

(3) Forderungen an den Benutzer

Mit der Idee des Werkzeugcharakters des Büroinformationssystems sind auch Prämissen über das Verhalten des Benutzers verbunden. Um dem Gedanken der benutzerindividuellen Informationsverarbeitung zu entsprechen, muß zu einem erheblichen Maße die Selbstinitiative des Benutzers vorausgesetzt werden. Nur wenn dieser seine zu erfüllenden Aufgaben in Leistungen der Werkzeuge des Büroinformationssystems sehen kann, wird er Lösungswege zur Erfüllung der Aufgaben erarbeiten können. Die Selbstinitiative des Benutzers erstreckt sich u.a. auf die folgenden Bereiche:

- Zunächst muß der angehende Benutzer das Büroinformationssystem erlernen, d.h. das Spektrum potentieller Einsatzmöglichkeiten und den Nutzen der Werkzeuge kennenlernen. Dabei hat der Benutzer die Leistungsmöglichkeiten der Werkzeuge auf die Problemsituationen seines eigenen Aufgabenbereiches zu übertragen. Neben einführenden Schulungskursen durch eine zentrale DV-Abteilung, die jedoch nicht alle Details einer Applikation vermitteln können, wird von einem Benutzer das Selbststudium des Systems (z.B. anhand von Handbüchern oder computergestützten Tutorien) verlangt werden müssen. Allein unter zeitlichen Gesichtspunkten ist damit ein nicht unbeträchtlicher Lernaufwand von den Benutzern erforderlich. Die erhoffte Arbeitserleichterung kann nur durch eine (in Einheiten der zukünftigen Aufgabenerledigung weniger produktive) Lernphase erreicht werden. Mit dem Gedanken der Selbstinitiative ist die Überlegung verbunden, daß nur auf dem Wege der Evolution die Nutzenpotentiale des Büroinformationssystems durch den Benutzer selbst freigesetzt werden. Dies wird dann der Fall sein, wenn der Benutzer aus der positiven Erfahrung des eigenen Umgangs mit dem System den Bedarf nach weiteren Werkzeugen äußert.

- Neben dem Erlernen wird der Benutzer auch während der Betriebsphase des Büroinformationssystems aktiv werden müssen. Damit sind vornehmlich Probleme des "Justierens" des Systems (Eibl/Wimmer, S. 263) angesprochen. Dazu zählt sowohl eine die Bedienung beschleunigende Abkürzung von Operationen des Werkzeugs als auch das Voreinstellen von Systemparametern für bestimmte Aufgaben. Man bedenke in diesem Zusammenhang den Aufwand, der mit der Installation eines integrierten Softwarepaketes für Mikrocomputer auf eine bestimmte Anwendung verbunden ist (Beispiele: Anlegen einer Datei innerhalb einer Datenbankumgebung, Systemparameter zur Kommunikation mit verschiedenen Hostrechnern eingeben, Parameter zum Anschluß eines Druckers bestimmen, ggfs. Übernahme und Konvertieren von Daten einer anderen Software, Erfassen von Daten etc.). Nicht immer kann davon ausgegangen werden, daß für diese vorbereitenden oder betriebsbegleitenden Arbeiten Kapazitäten einer zentralen DV-Abteilung zur Verfügung stehen.

4.3.5. Ablauflogische Gesamtproblematik

Der bisherigen Gliederung des Gestaltungsprozesses eines individuellen Büroinformationssystems in die drei Phasen der Istanalyse, Spezifikation und Implementierung lag eine idealisierende Ablauffolge zugrunde, der in praxi nur schwer zu entsprechen sein wird. Drei Problembereiche der ablauflogischen Gestaltung seien im folgenden diskutiert.

4.3.5.1. Planungsdynamik

Die drei Phasen der Istanalyse, Spezifikation und Implementierung können nicht sequentiell i.S. einer einmaligen Anwendung durchlaufen werden (vgl. Sandelin/ Siegman, S. 14; Anders, S. 167). Dafür spricht vor allem die Dynamik der mit der Gestaltung verbundenen Entscheidungen.

Neue Produkte drängen auf den Markt, die zu einem Überdenken durchgeführter Implementierungen Anlaß geben und neue Anwendungsmöglichkeiten anbieten. Auch Bedürfnisse und Wünsche von Benutzern ändern sich. Mit fortschreitender Erfahrung vergrößern sich Bedarf und Nutzungsspektrum von elektronischen Hilfsmitteln durch den Benutzer. Auch die durch Büroarbeit zu unterstützenden Büroaufgaben unterliegen einem Wandel, durch den sie an neue Ausgangs- und Bedingungskonstellationen anzupassen sind. Die Unternehmung befindet sich dementsprechend in einem permanenten Umstellungsprozeß, durch den neue Vorstellungen und Ideen auch für den Einsatz eines Büroinformationssystems entwickelt werden können bzw. müssen.

Die Ausführungen verdeutlichen, daß ein "total-project-approach" (Wagoner/Ruprecht, S. 450), d.h. der Versuch, ein Büroinformationssystem innerhalb eines einzigen Gestaltungskomplexes zu realisieren, mit erheblichen Nachteilen verbunden ist. Statt dessen erscheint ein phasenorientiertes Vorgehen, für das in Kap. 4.2.4. bereits ein Beispiel vorgestellt wurde, wesentlich vorteilhafter.

Die Planung eines "total-project-approachs" erfordert lange Planungszeiträume, durch die Situationen eintreten können, in denen bereits getroffene Entscheidungen der Istanalyse und Sollkonzeption zur Zeit der Implementierung keine Aktualität mehr besitzen. Nur eine abgestufte, Istanalyse, Spezifikation und Implementierung sukzessiv für begrenzte Problemstellungen einsetzende Vorgehensweise ermöglicht dagegen eine Offenheit und Änderungsfähigkeit von Gestaltungsentscheidungen. Die Abstufung erlaubt ein flexibleres Entgegenwirken gegen potentielle und erkannte Fehlentwicklungen der Gestaltung und des Einsatzes des Informationssystems. Ebenfalls können geplante Implementierungsvorhaben korrigiert oder unterlassen werden, falls ein Anlaß zur Überarbeitung des Büroinformationssystems besteht.

Um die Flexibilität der Gestaltung zu bewahren, d.h. die Anpassungsfähigkeit an zukünftige Entwicklungen und Veränderungen organisationsinterner und -externer Art zu gewährleisten, muß die Planung insgesamt reversibel gestaltet werden. Als Instrument dazu kann eine rollierende Planung angesehen werden (vgl. zur rollierenden Planung u.a. Hentze/Brose, S. 47f.; Schweitzer, S. 122f.).

4.3.5.2. Planungsinhalte

Vor dem Hintergrund der revolvierenden Planung eines Büroinformationssystems beinhaltet ein Teilplan detaillierter oder langfristiger Art die Auswahl, den Entwurf und die Implementierung eines Modellausschnittes. Unter einem Modellausschnitt soll die beliebige Zusammenfassung von Datentypen aus dem generellen Modell des Büroinformationssystem verstanden werden. Die Auswahl und Zusammenfassung eines oder mehrerer Modellausschnitte zu einem Teilplan erfolgt anhand unternehmungsindividueller Zielsetzungen.

Entsprechend der nachfolgenden Abbildung besteht die revolvierende Planung eines Büroinformationssystems zunächst aus einem Zyklus

- der Detail- und Grobplanung der Gestaltung,

- der Implementierung der Pläne sowie

- der Fortschreibung von Detail- und Grobplan nach erfolgter Implementierung.

Die Fortschreibung erfolgt anhand von Anforderungen und Zielen aus dem laufenden Betrieb des Büroinformationssystems. Dieser Gestaltungszyklus geht von der Konstanz eines individuell spezifizierten Modells aus. Kann aufgrund bestimmter Anforderungen die Adäquanz des individuellen Modells nicht mehr angenommen werden (z.B. aufgrund einer geänderten Büroaufgabe), so ist vor einer erneuten Planfortschreibung das Modell zunächst zu revidieren.

Neben der Bestimmung der zu gestaltenden Modellausschnitte besteht in der Auswahl einer Zielgruppe je Modellausschnitt eine weitere Realisierungstätigkeit. Unter Zielgruppe sei hier sowohl eine einzelne Person, ein Personenkreis als auch ein Unternehmungsbereich verstanden. Vor allem in Abhängigkeit der Unternehmungsgröße kann es vorteilhaft sein, die Gestaltung des Büroinformationssystems in Teilprojekte für einzelne organisatorische Einheiten zu trennen. Diese Vorgehensweise erscheint besonders dann sinnvoll, wenn die organisatorischen Einheiten divergierende Anforderungen an die Gestaltung stellen, die nicht im Rahmen einer einheitlichen Lösung erfüllt werden können.

Je nach Problemstellung werden somit zielgruppenspezifische Zielsetzungen (z.B. Produktivitätsverbesserungen eines Sekretariats) oder funktionenspezifische Zielsetzungen (z.B. Aufbau einer Adreßverwaltung) die Gestaltung dominieren.

4.3.5.2./1. Revolvierende Planung eines Büroinformationssystems

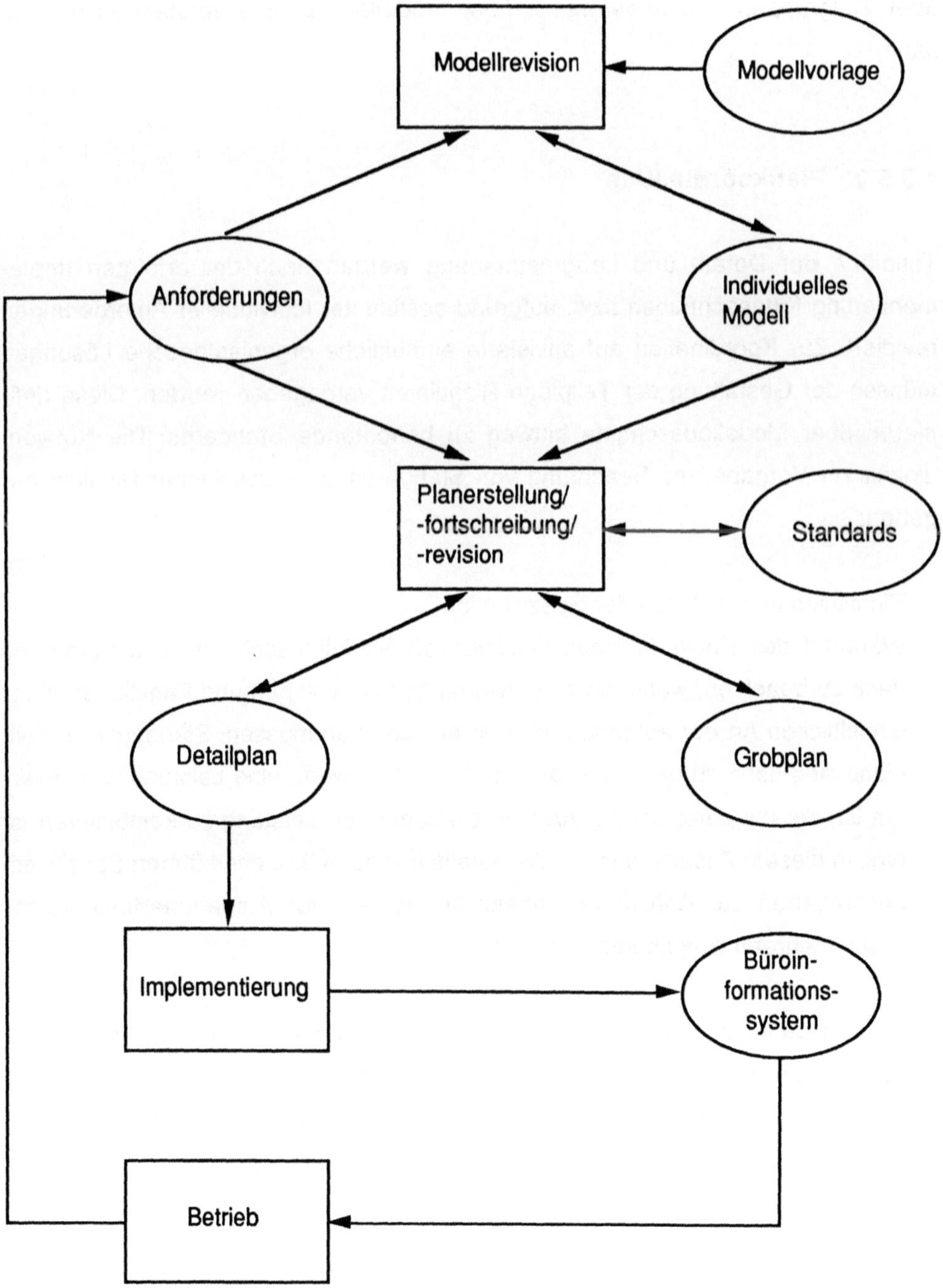

Insgesamt soll festgehalten werden, daß die modellgeleitete Gestaltung eines individuellen Büroinformationssystems als ein zweifach iterierender Prozeß einerseits über Zielgruppen und andererseits über Modellausschnitte verstanden werden kann.

4.3.5.3. Plankoordination

Teilpläne der Detail- und Langfristplanung werden nach der erfolgten Implementierung fortgeschrieben bzw. aufgrund bestimmter individueller Anforderungen revidiert. Zur Koordination auf anvisierte einheitliche organisatorische Lösungen müssen der Gestaltung der Teilpläne Richtlinien vorgegeben werden. Diese definieren über Modellausschnitte hinweg zu beachtende Standards. Die Notwendigkeit zur Vorgabe und Beachtung von Standards ist in zweifacher Hinsicht gegeben:

- Richtlinien in der Phase der Spezifikation
  Während des Entwurfs eines individuellen Modellausschnitts sind Standards dann zu beachten, wenn die zu entwerfenden Datentypen und Funktionen einer einheitlichen Art der Aufgabenerfüllung entsprechen müssen. Standards für Teilpläne sind dann zu definieren bzw. zu beachten, wenn eine Leistung zu entwerfen ist, die mit einer bereits zuvor implementierten Leistung zu kombinieren ist (vgl. in diesem Zusammenhang die bereits in Kap. 4.3.3. angeführten Spezifikationsaufgaben zur Abbildung einheitlicher Regeln für Aufgabenerfüllungsprozesse mehrerer Aufgabenträger).

  Entwurfsbedingte Standards äußern sich z.B. in der verbindlichen Definition einer Struktur eines gemeinschaftlich zu benutzenden Datenbestands, in der Definition von Schnittstellen zwischen Funktionen (bspw. von Formularen) oder in der Vorgabe einheitlicher Deskriptoren zur Adreßdeskribierung.

- Richtlinien in der Phase der Implementierung
  Neben entwurfsbedingten Standards sind Standards der Implementierung zu

unterscheiden (vgl. auch Kap. 4.3.4.1.). Sie sichern die Kompatibilität von Hard- und Software, die zur Realisierung eines Teilplanes herangezogen wird. Vor allem in Hinblick auf kommunikationsbezogene Aufgabenstellungen kommt der Einhaltung von Standards eine große Bedeutung zu.

Als Beispiele für diesbezügliche Standards seien genannt: IBM-PC als Industriestandard für Mikrocomputersysteme, V.24-Schnittstellen zur Host-PC-Kommunikation, VT-100 Emulation für Hostapplikationen, ein bestimmter Texteditor für die abteilungsinterne Erstellung und Weiterverarbeitung von Dokumenten durch die einzelnen Mitarbeiter.

5. Gesamtbetrachtung: Checkliste "Gestaltung von Büroinformationssystemen"

In den vorangegangenen Kapiteln wurde ein allgemeines Modell eines Büroinformationssystems entwickelt und der daran orientierte Gestaltungsprozeß eines unternehmungsindividuellen Modells beschrieben. Als Resümee dieser Ausführungen soll nachfolgend eine Checkliste zur Gestaltung eines Büroinformationssystems vorgestellt werden.

In Form von Fragen faßt die Checkliste Dimensionen der Gestaltung von Büroinformationssystemen zusammen. Sie soll damit denjenigen, die mit der Gestaltung eines konkreten Systems konfrontiert sind, eine Orientierung und eine Übersicht über Gestaltungsaufgaben geben.

Die Checkliste gliedert sich in zwei Hauptteile:

- allgemeine Gestaltungsprobleme und

- Gestaltungsfragen einzelner Bürofunktionen. Hierbei sollen z.T. auch Kriterien der effizienten Abwicklung einer Bürofunktion formuliert werden.

CHECKLISTE B Ü R O S Y S T E M G E S T A L T U N G

A. ALLGEMEINE GESTALTUNGSPROBLEME

A1. Problemkreis: Projektorganisation und Einstieg

1. Ist das Bürosystem als total-project-approach oder im Sinne eines stufenweisen, revolvierenden Vorgehens zu gestalten?

2. Mit welcher Anfangsapplikation soll begonnen werden? Gibt es dringende Aufgaben oder Problembereiche (z.B. Medienbrüche, lange Durchlaufzeiten), die gelöst werden müssen?

   Mit welchen Prioritäten sollen die einzelnen Bereiche gestaltet werden?

3. Wie ist unter strategischen Gesichtspunkten das Bürosystem als Rationalisierungs-, Entscheidungshilfe- und Wettbewerbsinstrument zu nutzen?

4. In welcher Reihenfolge soll implementiert werden?

5. Welches ist die angestrebte Zielgruppe für das Bürosystem/für die Einstiegsapplikation? Was ist ihr spezifischer Unterstützungsbedarf?

A2. Problemkreis: Tiefe der Gestaltung

1. Soll die aufzubauende Bürofunktion automatisiert oder mechanisiert werden (offene oder geschlossene Leistung)? Welche Rolle spielt der Anwender bei der Ausführung einer Aufgabe?

2. Soll die aufzubauende Bürofunktion überhaupt mit einem Rechner unterstützt werden? Soll die Funktion manuell ausgeführt werden?

A3. Problemkreis: Breite der Gestaltung

1. Welche Datentypen/Funktionen sollen als persönliche und welche als gemeinschaftliche Leistungen aufgebaut werden?

   Soll zwischen bereichsweiten und persönlichen Leistungen des Büroinformationssystems im Sinne einer einheitlich reglementierten oder persönlich bestimmten Aufgabenerfüllung unterschieden werden (z.B. eine gemeinschaftliche Dokumentenablage i.G.z. einem persönlichen Kalkulationswerkzeug)?

2. Welche Datentypen/Funktionen sollen zentral und welche dezentral gehalten werden?

3. Über welche Schnittstellen sind persönliche und bereichsweite Leistungen zu verbinden? Ist bei einheitlich aufzubauenden Lösungen die Kompatibilität mit persönlichen Daten und Werkzeugen sichergestellt (z.B. durch spezielle Brückenprogramme)?

4. Sind Kompatibilitäts-Standards entwickelt, z.B. Hard- und Software-Standards oder Entwurfs-Standards wie etwa die Definition und Vorgabe eines einheitlichen Deskriptorenbestandes?

5. Sind Schnittstellen zu bestehenden Administrations-, Dispositions- und Planungssystemen vorgesehen und wie sind sie zu realisieren?

6. Bestehen aufgrund der Integration von Büroinformationssystem und Aufgabensystem Möglichkeiten einer grundsätzlichen Neugestaltung ablauforganisatorischer Regelungen?

A4. Problemkreis: Informationstechnische Implementierung einer Bürofunktion

1. Inwieweit determiniert die bisherige EDV-Infrastruktur die Implementation?

Kann/soll aus der bisherigen Produktlinie eines Herstellers ausgeschieden werden?

2. Soll die aufzubauende Bürofunktion selbst oder durch den Kauf von Standardsoftware realisiert werden ("make or buy")?

   Welche Gestaltungsaufgaben/-entscheidungen fallen in diesem Zusammenhang an, z.B.:

   - Evaluation der Standardsoftware,

   - Einsatz eines integrierten Paketes (z.B. DECs All-in-1 für ein Mainframe-System oder z.B. Open Access für ein PC-System) oder Einsatz mehrerer Spezialpakete,

   - Justieren eines Werkzeugs auf eine gewünschte Leistung (z.B. ein allgemeines Datenbankverwaltungssystem auf eine spezifische Adreßverwaltung),

   - Verbinden mehrerer Werkzeuge (z.B. eines Adreßsystems mit einem Textwerkzeug zwecks Mail-Merge),

   - Verbinden von Werkzeugen zwischen Host-System und dezentralen Systemen.

3. Mit welcher Hardware soll die Bürofunktion implementiert werden? Welche Gestaltungsaufgaben/-entscheidungen fallen an, z.B.

   - zentrale Lösung (Mainframe) und/oder dezentrale Lösung (PC),

   - LAN und/oder digitale Nebenstellenanlage,

   - LAN oder Multiuser-System.

Ergeben sich sinnvolle Kombinationen dieser Systeme für den anvisierten Einsatzzweck?

4. Wie ist der Unterstützungsbedarf von Personen/Aufgaben heute realisiert? Was wird zukünftig technisch möglich sein? Welche Lücken sind erkennbar?

   Wie können diese mit verfügbaren Mitteln/mit neuen Mitteln kurzfristig und langfristig geschlossen werden?

B. GESTALTUNGSFRAGEN DER EINZELNEN BÜROFUNKTIONEN
B1. BÜROFUNKTION NACHRICHTENKOMMUNIKATION

1. Welche Formen der Kommunikation sind aufzubauen?

   - Asynchrones Mailing,

   - Screen-Screen Mailing,

   - File-Transfer etc.

2. Ist es möglich, synchron entgegengenommene Nachrichten zu protokollieren?

3. Wie ist eine Nachricht wahrnehmbar? Ist der Empfang auch während anderer Arbeiten ersichtlich/möglich?

   Muß die aktuelle Arbeit mit einem bestimmten Werkzeug erst beendet und danach ein spezielles Empfangssystem geladen werden?

4. Kann "gelbe" Post digitalisiert werden?

5. Kann die empfangene Nachricht layoutgetreu verarbeitet werden? Besitzt der Empfänger ein zur layoutgetreuen Weiterverarbeitung fähiges Empfangs- und

Bearbeitungssystem?

6. Welche Formen der Nachrichtenbehandlung sind möglich?

   - Edition,

   - Übergabe an Ablage/Versand/Bearbeitung,

   - Papierkorb.

7. Bestehen Möglichkeiten, den Inhalt einer Nachricht automatisch zu erkennen und eine Handlung abzuleiten, z.B. über die Definition von Arbeitsobjektdatentypen?

8. Zu welchen öffentlichen Netzen/Diensten sollen Schnittstellen aufgebaut werden?

9. Aus welcher Umgebung heraus kann der Dokumentenversand gestartet werden? Kann z.B. aus einer Texterstellungsumgebung heraus der Versand gestartet werden oder muß diese erst verlassen werden?

10. Wie kann ein Dokument, das lokal auf einem PC erstellt wurde, an beliebige interne oder externe Adressaten versandt werden?

11. Kann ausschnittsweise versandt werden (Cut/Paste)?

12. Ist eine Adressenverwaltung vorhanden? Können Adressen nach verschiedenen Kriterien selektiert werden?

13. Können Adressen deskribiert werden? Ist die Deskribierung, das Retrieval und die Integration von persönlichen und bereichsweiten Adressen möglich?

14. Wird der Adressat bei Abschluß eines definierten Vorgangs automatisch er-

kannt?

Ist ein automatischer Verbindungsaufbau und automatischer Versand eines Arbeitsergebnisses möglich?

15. Ist das Rundschreiben von Nachrichten möglich (Mail-Merge)? Aus welchen Adreßsystemen können Adressen selektiert und mit dem zu versendenden Dokument gemischt werden?

    Können Verteilerlisten definiert werden?

16. Ist zeitlich versetzter Versand möglich?

17. Können einer Nachricht Bearbeitungshinweise an den Adressaten mitgegeben werden?

18. In welchem Umfang sollen vorbestimmte und/oder ungeregelte Kommunikationsbeziehungen protokolliert werden (Absender, Empfänger, Nachricht, Datum ...)?

B2. BÜROFUNKTION TERMIN-/ARBEITSPLANUNG

1. Können Termine sowohl grob als auch fein terminiert werden?

2. Sind Erinnerungsfunktionen vorhanden (u.U. automatisch)?

3. Ist die vorausschauende Einplanung rhythmisch wiederkehrender Aufgaben möglich?

4. Können Prioritäten von Aufgaben definiert werden?

5. Sind Terminabsprachen mit anderen Personen möglich?

6. Ist eine Integration mit anderen Zeitsystemen möglich, z.B. mit einer Stundenplanverwaltung an einer Hochschule?

7. Können Termine/Aktivitäten neben zeitlichen Kriterien auch nach ihrem Ausführungsstatus (in Bearbeitung, geplant, abgeschlossen ...) gesucht werden?

8. Gibt es Möglichkeiten zu einer gemeinsamen Terminplanung/-erinnerung mit anderen Personen?

   Ist die Integration persönlicher und gemeinsamer Termine möglich?

9. Können Termine für andere Personen festgemacht werden?

B3. BÜROFUNKTION DOKUMENTEN-/INFORMATIONSERSTELLUNG

1. Sind für die unternehmensweite Kommunikations- und Bearbeitungsfähigkeit von Dokumenten deren Strukturen und Formate einheitlich definiert (Dokumentenarchitektur und Dokumentenaustauschformat)?

   Für welche Bereiche besitzen diese Definitionen Gültigkeit? Sind die vorhandenen Dokumentenformate kompatibel?

2. Sofern noch keine eigenen Dokumentenformate definiert sind, bieten die der öffentlichen Telekommunikationsdienste eine Alternative (Teletex, Telefax etc.)?

3. Werden alle zur Aufgabenerledigung benötigten Dokumente elektronisch erstellt? Gibt es manuelle Teiltätigkeiten? Gibt es Medienbrüche?

4. Gibt es einen einheitlichen Editor für die verschiedenen Editierfunktionen? (Gibt es eine einheitliche Bürooberfläche für die verschiedenen Bürofunktionen?)

5. Können abgelegte Informationen/Dokumente nachträglich editiert werden?

6. Ist die Erstellung/Weiterverarbeitung von Post ("gelb", elektronisch, Voice) möglich?

7. Kann eine standardisierte Dokumentenerstellung vordefiniert werden?

   Für welche Dokumentenklassen (z.B. Briefe, Protokolle, Arbeitsberichte) gibt es welche Voreinstellungen bzw. Layoutregeln? Können diese einem Editor übergeben werden?

8. Sind Editoren für die verschiedenen Formen von Primärinformationen vorhanden (Text-, Sprach-, Graphik-, Formulareditor)? Sind Sie integrierbar?

9. Können mehrere Dokumente/Dokumententeile zu einem Dokument integriert werden? Können Teile eines Dokumentes ausgeschnitten und in ein anderes Dokument integriert werden (Cut und Paste)?

10. Welche Dokumententeile bzw. Bausteine sollen definiert werden?

11. Auf welchen Ausgabegeräten kann das editierte Dokument layoutgetreu ausgegeben werden? Sind gemeinschaftliche Ausgabegeräte einzurichten?

12. Kann die Dokumentenbehandlung protokolliert werden, um eine Aufgabenerfüllung später nachzuvollziehen?

13. Lassen sich Büroaufgaben bzw. Bürovorgänge durch die Bearbeitung eindeutiger Dokumententypen im Sinne von Arbeitsobjekten und Arbeitsergebnissen beschreiben?

14. Können Dokumente, die aktiv von einem Aufgabenträger bearbeitet werden, vor der Verwendung durch andere Benutzer geschützt werden?

B4. BÜROFUNKTION DOKUMENTEN-/INFORMATIONSVERWALTUNG

1. Wie kann (u.U. unstrukturiertes) Fachwissen im Sinne von Prozedurregeln zur Erfüllung einer Aufgabe definiert und abgespeichert werden?

2. Welche Ablage- und Zugriffsregeln bestehen? Für welche Klassen von Dokumenten (z.B. Briefe, Protokolle, Arbeitsberichte) sind welche Ablage- und Retrievalbestimmungen zu schaffen?

   Welche Formen des Zugriffs auf abgelegte Informationen (read, write, delete...) sind einzurichten?

3. Besteht ein Zugriff auf externe Dokumentenarchive/Datenbanken?

4. Ist es möglich, über den Datentyp Dokumentenbestand Informationen bzw. Dokumente sowohl nach formalen Kriterien (z.B. Autor, Erstellungsdatum) als auch nach inhaltlichen (formatierten und unformatierten) Kriterien (z.B. Höhe eines Rechnungsbetrages oder Angabe eines bestimmten Suchbegriffs) zu suchen?

5. Ist der Datentyp Dokumentenbestand mit dedizierten Entitätstypen integrierbar?

6. Welche Informationen von allgemeinem Interesse müssen (im Sinne einer Holpflicht) für jedermann verfügbar abgelegt werden?

   Welche technischen Hilfsmittel sollen dazu eingesetzt werden (z.B. Datenbankmanagementsystem oder ein Bulletin-Board-System)?

7. In welcher Form und in welchem Format soll ein Dokument abgelegt werden? Wie soll das Suchergebnis bereitgestellt werden?

   - Physisch oder elektronisch?

- Wenn elektronisch: Volltext oder lediglich eine bibliographische Referenzinformation?

- Wenn Volltext: in welchem Format (z.B. ASCII)?

8. Sind (elektronisches) Ablagesystem und (elektronisches) Retrievalsystem integriert oder sind sie voneinander getrennt?

9. Besteht ein Thesaurus für die Dokumentendeskribierung?

   - Bestehen persönliche und gemeinsame Thesauren nebeneinander?

   - Können persönliche und gemeinsame Deskriptoren kombiniert werden?

   - Können persönliche und gemeinsame Dokumente/Archive kombiniert werden?

   - Können bibliographische Referenzen auf Dokumente zwischen Retrievalsystemen übernommen werden?

10. Wie werden Deskriptoren gewonnen (offenes vs. geschlossenes Deskribieren)?

11. Welche Daten müssen aus zentralen Beständen selektiert und lokal verarbeitet werden können? Welche gemeinschaftlichen Datenbestände sind aufzubauen?

12. Ist ein sog. "Inhaber" eines Dokumentes bestimmt, der eine Veränderung bzw. Löschung des Dokumentes zu genehmigen hat?

13. Kann das Suchergebnis bearbeitet/editiert werden?

14. Ist es möglich, physische Dokumente zu digitalisieren?

6. Schlußbemerkungen

Mit der vorliegenden Arbeit wurde ein generelles Datenmodell eines Büroinformationssystems vorgestellt. Dieses kann als Leitbild für die Gestaltung eines unternehmungsindividuellen Büroinformationssystems genutzt werden.

Das Modell stellte sich zunächst als analytische Strukturierung von Datentypen eines generellen Büroinformationssystems dar. In diesem Sinne gab es der unternehmungsindividuellen Gestaltung einen Rahmen vor, der die Realisierung "checklistenartig" leitete. Diesem Vorgehen lag die Prämisse zugrunde, daß das Modell allgemeine Datentypen und Funktionen spezifiziert, die als Bestandteile jeder Aufgabenerfüllung angesehen werden können.

Die von dem Modell vorgegebenen Leistungen können von der individualisierenden Systemgestaltung übernommen und auf eine individuelle Aufgabe eingerichtet werden. Der individualisierenden Systemgestaltung ergeben sich Ausprägungen des vorgegebenen Modells im Sinne eines individuellen Profils zu gestaltender Leistungen eines Büroinformationssystems.

Im Sinne eines Ausblicks auf zukünftige Aufgabenstellungen sei die Integration des vorgeschlagenen Modells in das Konzept der strategischen Informationssystemplanung einer Unternehmung erwähnt.

Das strategische Informationssystemkonzept legt aufgrund des Leistungsprogramms und der für die Zukunft erwarteten Entwicklung einer Unternehmung Konzeption und Struktur betrieblicher Informationssysteme fest. Zu den Hauptaufgaben zählt die Bestimmung aktueller und zukünftiger Funktionen und Datentypen von betrieblichen Informationssystemen (vgl. Österle, 2, S. 26).

Die aus dem Sachziel der Unternehmung resultierenden Datentypen und Funktionen sind im Rahmen des Informationssystemkonzeptes mit den (Bürosystem-) Datentypen und (Bürosystem-)Funktionen zu integrieren. Besonders bei neu aufzubauenden Datentypen und Funktionen ist diesem Gesichtspunkt erhebliche Beachtung zu schenken.

Zukünftige Forschungen sind in diesem Kontext anzusiedeln. Dabei wird ein wesentliches Ziel darin zu sehen sein, Datentypen und Funktionen des vorgeschlagenen Modells zu einem Gesamtmodell integrierter und redundanzfreier Datentypen und Funktionen einer Unternehmung (gebildet aus den Funktionalbereichen Produktion, Absatz, Beschaffung, Personalwesen, Rechnungswesen etc.; vgl. etwa Scheer, 1) zu erweitern. Als Integrationsebenen bieten sich administrative, dispositive oder planerische Informationsverarbeitungsaufgaben an.

Aufgabenstellung, Einflüsse und Restriktionen der Daten- und Funktionenplanung im Rahmen eines Informatikkonzeptes können an einem derartigen Gesamtmodell untersucht und die Auswirkungen von Planungs- und Gestaltungsprozessen analysiert werden.

Anhang: Datenmodell

- Mitarbeiterbestand *
  - Mitarbeiter
    - Mitarbeiternr
    - Mitarbeitername
    - Abteilungsnr
    - Arbeitsplatz
    - Geschäftstelefonnr
    - Kommunikationsnr
    - Kommunikationsrecht

- Büroaufgaben *
  - Büroaufgabe
    - Büroaufgabennr
    - Aufgabenstellung
    - Beschreibung_der_Prozedurregeln
      - Vorbedingungen o
        - Zeitliche_Aspekte
        - Sachliche_Aspekte
      - Durchführungsregeln
        - Algorithmen_und_Lösungsstrategien
      - Nachbedingungen
        - Max_Dauer_der_Aufgabenerfüllung
      - Art_der_Aufgabe o
        - Neutrale_Aufgabe
        - Spezielle_Aufgabe

- Stellenzuordnungen *
  - Stellenzuordnung
    - Mitarbeiternr ->Mitarbeiter
    - Büroaufgabennr ->Büroaufgabe

- Arbeitsobjekte *
  - Arbeitsobjekt
    - Arbeitsobjektnr
    - Büroaufgabennr ->Büroaufgabe
    - Dokumenttypnr ->Dokumenttyp

- Arbeitsergebnisse *
  - Arbeitsergebnis
    - Arbeitsergebnisnr
    - Büroaufgabennr ->Büroaufgabe
    - Dokumenttypnr ->Dokumenttyp

- Dokumententypen *
  - Dokumenttyp
    - Dokumenttypnr
    - Beschreibung
    - Benutzungsregeln
    - Dokumententypgruppe o
      - Geschäftlicher_Bezug
      - Unternehmungsinterner_Bezug
      - Unternehmungsexterner_Bezug

- Dokumentenbestand *
  - Dokument
    - Dokumentnr
    - Dokumenttypnr ->Dokumenttyp
    - Dokumentinhalt
    - Physische_Repräsentation
    - Verfasser
    - Dokumentinhaber
      - Mitarbeiternr ->Mitarbeiter
    - Ablageort
    - Erstellungsdatum
    - Bemerkung
    - Bearbeitungsstatus o
      - In_Bearbeitung
      - Zur_Bearbeitung_vorgemerkt
        - Mitarbeiternr ->Mitarbeiter

- Benutzungen *
  - Benutzung
    - Tätigkeitsnr ->Arbeitsprotokoll
    - Dokumentnr ->Dokument
    - Art_der_Benutzung o
      - Update
      - Create
      - Read
      - Delete

- Arbeitsdurchführungen *
  - Arbeitsprotokoll
    - Tätigkeitsnr
    - Protokollgegenstand
      - Büroaufgabennr ->Büroaufgabe
    - Ausführer_bei_neutraler_Aufgabe
      - Mitarbeiternr ->Mitarbeiter
    - Ausführungsstatus o
      - Erledigt
        - Beendigungsdatum_und_Zeit
      - In_Bearbeitung
      - Gestoppt
      - Geplant o
        - Grob
          - Vorgesehener_Bearbeitungszeitraum
          - Spätest_möglicher_Endtermin
          - Zeitbedarf
          - Prioritätsstufe
        - Fein
          - Anfangsdatum_und_Zeit
    - Vermerk

- Komponenten *
  - Komponente
    - Komponentennr
    - Komponenteninhalt o
      - Baustein
      - Attributdefinition
    - Komponentenzweck
    - Formatbeschreibung

- Zusammensetzungen *
  - Zusammensetzung
    - Dokumenttypnr ->Dokumenttyp
    - Komponentennr ->Komponente

- Deskriptoren *
  - Deskriptor
    - Deskriptornr
    - Deskriptorbezeichner
    - Anwendungsbeschreibung

Kennzeichnungen	*
Kennzeichnung	
Dokumentnr	->Dokument
Deskriptornr	->Deskriptor
Zugriffsberechtigungen	*
Zugriffsberechtigung	
Mitarbeiternr	->Mitarbeiter
Dokumenttypnr	->Dokumenttyp
Zugriffsart	o
Verändernd	
Lesend	
Versendungen	*
Versand	
Versandnr	
Absender	o
Mitarbeiternr	->Mitarbeiter
-	
Empfänger	o
Mitarbeiternr	->Mitarbeiter
Verteilernr	->Verteiler
Versanddatum	
Vollzugsmitteilungen	*
Vollzugsmitteilung	
Vollzugsmitteilungsnr	
Versandnr	->Versand
Mitteilung_über_Abschluss_einer_Aufgabe	
Arbeitsergebnisnr	->Arbeitsergebnis
Terminhinweise	*
Terminhinweis	
Terminhinweisnr	
Versandnr	->Versand
Terminhinweis	
Tätigkeitsnr	->Arbeitsprotokoll

Dokumentenversendungen	*
Dokumentenversand	
Dokumentenversandnr	
Versandnr	->Versand
Versandinhalt	
Dokumentnr	->Dokument
Bearbeitungshinweis	
Hinweisnr	->Bearbeitungshinweis
Bearbeitungshinweise	*
Bearbeitungshinweis	
Hinweisnr	
Hinweistext	
Nachrichtenempfänge	*
Empfang	
Empfangsnr	
Versandgegenstand	
Versandnr	->Versand
Empfänger	
Mitarbeiternr	->Mitarbeiter
Lesedatum	
Verteilerbestand	*
Verteiler	
Verteilernr	
Zweck	
Verteilerzugehörigkeiten	*
Verteilermitglied	
Verteilernr	->Verteiler
Adressennr	->Adresse

Adressenbestand	*
Adresse	
Adressennr	
Name	
Straße	
Postleitzahl	
Ort	
Telefon-Nr	
Öff_Komm_Nr	
Adressenart	o
Mitarbeiteradresse	
Mitarbeiternr	->Mitarbeiter
Externe_Adresse	

Adreßdeskriptoren	*
Adreßdeskriptor	
Adreßdeskriptornr	
Adreßdeskriptorbezeichner	

Adreßkennzeichnungen	*
Adreßkennzeichnung	
Adreßdeskriptornr	->Adreßdeskriptor
Adressennr	->Adresse

Literaturverzeichnis

Ammon, R. v., Wessoly, R., Modellierung, Evaluierung und Transfer (MET) von Büroinformationssystemen, in: Nachrichten für Dokumentation 34(1983)3, S. 148-156

Anders, W., Kommunikationstechnik und Organisation, CW-Publikationen, München 1983

Andexser, W., Endgeräte und Endsysteme, in: Informationstechnik it 28(1986)1, S. 37-43

Appel, J., Rühling, H., Bürowirtschaft, Gabler, Wiesbaden 1980

Balzert, H., Wissensbasierte Systeme im Büro der Zukunft, in: Hansen, H.R. (Hrsg.), Proceedings GI/OCG/ÖGI-Jahrestagung 1985, Springer, Berlin Heidelberg New York Tokyo 1985

Barbic, F. et al., Modeling and integrating procedures in office information system design, in: Information systems 10(1985)2, S. 149-168

Berthel, J., Information und Vorgänge ihrer Bearbeitung in der Unternehmung, Duncker & Humblot, Berlin 1967

Bleicher, K., Organisation, in: Bea, F.X., Dichtl, E., Schweitzer, M. (Hrsg.), Allgemeine Betriebswirtschaftslehre, Bd. 2: Führung, UTB Fischer, Stuttgart New York 1983

Blumenfeld, M., Dokumentenarchitektur und Austauschformate, in: Wedekind, H., Kratzer, K. (Hrsg.), Büroautomation '85, Teubner, Stuttgart 1985

Bocker, P., ISDN - Das diensteintegrierende digitale Nachrichtennetz: Konzept, Verfahren, Systeme, Springer, Berlin Heidelberg New York Tokyo 1986

Böhrs, H., Produktive Büroarbeit, 2. Aufl., Haupt, Bern Stuttgart 1972

Bold, M., Geballte Ladung, in: Computer Persönlich 7/1986, S. 120-122

Bracchi, G., Pernici, B., 1, SOS: A conceptual model for office information systems, in: Carlson, E.D. (Hrsg.), Databases for business and office applications, Proceedings of annual meeting, May 23-26, 1983, San Jose, ACM, New York 1983

Bracchi, G., Pernici, B., 2, The design requirements of office systems, in: ACM Transactions on Office Information Systems 2(1984)2, S. 151-170

Brenner, W., Entwurf betrieblicher Datenelemente - Ein Weg zur Integration von Informationssystemen, Springer, Berlin Heidelberg 1988

Burkhart, H., Nievergelt, J., Structure-oriented editors, in: Wossidlo, P.R. (Hrsg.), Textverarbeitung und Informatik, Springer, Berlin Heidelberg New York 1980

Conklin, J., Hypertext: an introduction and survey, in: IEEE Computer 20(1987) 9, S. 14-41

Conrath, D.W., Evaluating the need for burotique: some taxonomic and methodology issues, in: Naffah, N. (Hrsg.), Office information systems, North-Holland, Amsterdam New York Oxford 1982

Conrath, D.W. et al., Measuring office activity for Burotique: data collection instruments and procedures, in: Naffah, N. (Hrsg.), Office information systems, North-Holland, Amsterdam New York Oxford 1982

DEC (Digital Equipment Corp.) (Hrsg.), Einführung Büro-Informationmationssystem All-in-1, München 198

Diehl, H., Das Japanische "Fifth Generation Computer System" Projekt, in: Proebster, W.E., Remshardt, R. (Hrsg.), Entwicklungsperspektiven mittlerer Rechnersysteme, Oldenbourg, München Wien 1984

DIN 31631, Kategorienkatalog für Dokumente, Teil 1, Beuth, Berlin 1984

DIN 31623, Indexierung zur inhaltlichen Erschließung von Dokumenten, Teil 2, Beuth, Berlin 1983

Dumas, P. et al., Mobile-Burotique: Prospects for the future, in: Naffah, N. (Hrsg.), Office information systems, North-Holland, Amsterdam New York Oxford 1982

Eibl, G., Wimmer, K., Architekturkonzept eines computergestützten Bürosystems, in: Reichwald, R. (Hrsg.), Neue Systeme der Bürotechnik, E. Schmidt, Berlin 1982

Eichhorn, W., Die Begriffe Modell und Theorie in der Wirtschaftswissenschaft, in: Raffée, H., Abel, B. (Hrsg.), Wissenschaftstheoretische Grundfragen der Wirtschaftswissenschaften, Vahlen, München 1979

Ellis, C.A., Nutt, G.J., Office information systems and computer science, in: ACM Computing Surveys 12(1980)1, S. 27-60

Erbach, K., Instrumente der Verwaltungsführung, Industrie Verlag, Bonn 1973

Fähnrich, K.-P., Die technologische Basis für das Informationsmanagement der Zukunft, in: Bullinger, H.-J. (Hrsg.), Integrierte Bürosysteme - Zukunftssichere Strategien und erfolgreiche Anwendungen, Springer, Berlin Heidelberg New York Tokyo 1984

Fellbaum, K. et al., Elektronische Textkommunikation, VDE, Berlin Offenbach 1983

Fezer, U., Die Durchführung der Aktivitätenerfassung - Darstellung der Erfassungsinstrumente und -techniken, in: Grochla, E., Poths, W. (Hrsg.), Modellgestützte Systemgestaltung, BIFOA Forschungsbericht Nr. 76/5, Wison, Köln 1977

Frese, E., Grundlagen der Organisation, 4. Aufl., Gabler, Wiesbaden 1988

Friedrichs, J., Methoden empirischer Sozialforschung, 12. Aufl., Westdeutscher Verlag, Opladen 1980

Fundneider, O., Die Entwicklung der öffentlichen Nachrichtennetze, in: Informationstechnik it 28(1986)1, S. 14-22

Garbe, H., Die Gestaltung unternehmungsindividueller Gesamtmodelle auf der Basis des Kölner Integrationsmodells, in: Grochla, E. et al., Integrierte Gesamtmodelle der Datenverarbeitung, Hanser, München Wien 1974

Gaugler, E. et al., Rationalisierung und Humanisierung von Büroarbeiten, 2. Aufl., Kiehl, Ludwigshafen (Rhein) 1980

Gaus, W., Dokumentations- und Ordnungslehre, Springer, Berlin Heidelberg New York 1983

Gebhardt, F., Dokumentationssysteme, Springer, Berlin Heidelberg New York 1981

Gibbs, S.J., Conceptual modelling and office information systems, in: Tsichritzis, D.C. (Hrsg.), Office automation, Springer, Berlin Heidelberg New York Tokyo 1985

Gibbs, S., Tsichritzis, D., A data modeling approach for office information systems, in: ACM Transactions on Office Information Systems 1(1983)4, S. 299-319

Gibson, C., Nolan, R., Managing the four stages of EDP growth, in: Harvard Business Review 52(1974)1, S. 76-88

Gillner, R., Beschreibungsmodelle für ADV-Systeme, in: Grochla, E. (Hrsg.), Handwörterbuch der Organisation, 2. Aufl., Poeschel, Stuttgart 1980

Greanias, E.C., The nature of office work, in: Endres, A., Reetz, J. (Hrsg.), Textverarbeitung und Bürosysteme, Oldenbourg, München Wien 1982

Griese, J., Betriebswirtschaftliche Anwendungen der Informatik, in: Schindler, S., Giloi, W.K. (Hrsg.), GI-8. Jahrestagung, Springer, Berlin Heidelberg New York 1978

Grochla, E., 1, Die Entwicklung und Nutzung von Beschreibungsmodellen zur computer-gestützten Systemplanung, in: Grochla, E., Poths, W. (Hrsg.), Modellgestützte Systemgestaltung, BIFOA Forschungsbericht Nr. 76/5, Wison, Köln 1977

Grochla, E., 2, Betriebliche Planung und Informationssysteme, Rowohlt, Reinbeck bei Hamburg 1975

Grochla, E., 3, Modelle und betriebliche Informationssysteme, in: Grochla, E. et al., Integrierte Gesamtmodelle der Datenverarbeitung, Hanser, München Wien 1974

Hahn, D., Organisationstypen der Fertigung, in: Grochla, E. (Hrsg.), Handwörterbuch der Organisation, 2. Aufl., Poeschel, Stuttgart 1980

Hahn, A., Hoffmann, D., Informationsverarbeitung mit GOLEM, Siemens-Schriftenreihe data praxis, Bestell-Nr. U171-J-Z53-1, München o.J.

Hammer, M., Zisman, M.D., Design and implementation of office information systems, in: Infotech Ltd. (Hrsg.), Office Automation, Infotech Computer State of the Art Report, Maidenhead (Engl.) 1980

Haneke, W., Büroanalysemethoden, in: Angewandte Informatik 26(1984)10, S. 399-409

Hansen, H.R., Wirtschaftsinformatik I, 5. Aufl., UTB Fischer, Stuttgart 1986

Hansmann, K.W., Industriebetriebslehre, Oldenbourg, München Wien 1984

Harris, S.E., Brightman, H.J., Determining computer support requirements: implications for design, in: Ellis, C.A. (Hrsg.), Proceedings Second ACM-SIGOA Conference on office information systems, June 25-27, 1984, Toronto (Canada), ACM, New York 1984

Hauke, P., Informationsverarbeitungsprozesse und Informationsbewertung, GBI, München 1984

Hegering, H.-G., Lokale Netze, in: Informationstechnik it 28(1986)1, S. 23-30

Heinen, E., Industriebetriebslehre als Entscheidungslehre, in: Heinen, E. (Hrsg.), Industriebetriebslehre, 7. Aufl., Gabler, Wiesbaden 1983

Heinze, Ch., Zangl, H., Implementierungsstrategie und Einsatzkonzept als Schlüsselfragen für die effiziente Nutzung integrierter Bürosysteme, in: Online GmbH (Hrsg.), Online '84, Proceedings 7. Europäische Kongreßmesse für Technische Kommunikation, 14.-17.2.1984 in Berlin, Velbert 1984

Hentze, J., Brose, P., Unternehmungsplanung, UTB Haupt, Bern Stuttgart 1985

Hill, W., Fehlbaum, R., Ulrich, P., Organisationslehre 1 + 2, 3. Aufl., UTB Haupt, Bern Stuttgart 1981

Hines, V.D., Office Automation, J. Wiley & sons, New York et al. 1985

Hirschheim, R.A., Office Automation, Addison-Wesley, Workingham (Engl.) et al. 1985

Hoitsch, H.-J., Produktionswirtschaft, Grundlagen einer industriellen Betriebswirtschaftslehre, Vahlen, München 1985

Höring, K. et al., Interne Netze für die Bürokommunikation, v. Decker, Heidelberg 1983

Horak, W., Office document architecture and office document interchange formats: current status of international standardization, in: IEEE Computer 18(1985)10, S. 50-60

Horak, W., Krönert, G., Konzept eines Editors basierend auf der Büro-Dokumentenarchitektur ECMA 101, in: Wedekind, H., Kratzer, K. (Hrsg.), Büroautomation '85, Teubner, Stuttgart 1985

Hoyer, R., Kölzer, G. (Hrsg.), Rechnergestützte Planung und Gestaltung von Büroinformationssystemen, E. Schmidt, Berlin 1988

IBM (Hrsg.), 1, Storage and Information Retrieval System/Virtual Storage (STAIRS/VS), Publication Number GH12-5114-6, o.O. 1982

IBM (Hrsg.), 2, Office information architectures: concepts, Publication Number GC23-0765-0, o.O. 1983

IBM (Hrsg.), 3, Distributed Office Support System/370, Version 3 Release 3, Publication Number GC30-3085-3, o.O. 1984

IBM (Hrsg.), 4, Introducing the Professional Office System, Version 2, Publication Number GH20-6795-0, o.O. 1985

Jacob, O., Lanker, E., Konzept eines Bürovorgangssystems auf der Basis eines Bulletin-Board-Systems und seine Integration mit PC-Endbenutzerwerkzeugen, in: Angewandte Informatik 30(1988)10, S. 435ff.

Kauffels, F.-J., Lokale Netze, R. Müller, Köln-Braunsfeld 1984

Kendler, H.L., Computergestützte Ablauforganisation im Bürobereich, in: Angewandte Informatik 22(1980)9, S. 357-364

Kosiol, E., 1, Organisation der Unternehmung, 2. Aufl., Gabler, Wiesbaden 1976

Kosiol, E., 2, Aufbauorganisation, in: Grochla, E. (Hrsg.), Handwörterbuch der Organisation, 2. Aufl., Poeschel, Stuttgart 1980

Kosiol, E., 3, Kollegien, in: Grochla, E. (Hrsg.), Handwörterbuch der Organisation, 2.

Aufl., Poeschel, Stuttgart 1980

Krallmann, H., Lokale Netze und öffentliche Dienste - eine Philosophiefrage, in: Bullinger, H.-J. (Hrsg.), Integrierte Bürosysteme - Zukunftssichere Strategien und erfolgreiche Anwendungen, Springer, Berlin Heidelberg New York Tokyo 1984

Kramer, R., Grundlagen einer systematischen Planung der Büroarbeit, in: Kosiol, E. (Hrsg.), Bürowirtschaftliche Forschung, Duncker & Humblot, Berlin 1961

Kraus, H., Der integrierte Arbeitsplatz der Zukunft, in: Krückeberg, F. et al. (Hrsg.), Bürotätigkeit in der öffentlichen Verwaltung und technischer Wandel, Verlag Recht, Verwaltung, Wirtschaft, Regensburg 1983

Krause, J., Praxisorientierte natürlichsprachliche Frage-Antwort-Systeme - Zur Entwicklung vor allem in der Bundesrepublik Deutschland, in: Nachrichten für Dokumentation 34(1983)4/5, S. 188-194

Kreifelts, Th., 1, Anwenderanforderungen an ein Bürokommunikationssystem, Oldenbourg, München Wien 1982

Kreifelts, Th., 2, DOMINO: Ein System zur Abwicklung arbeitsteiliger Vorgänge im Büro, in: Angewandte Informatik 26(1984)4, S. 137-146

Kreifelts, Th., Wißkirchen, P., Informationstechnik im Büro, in: Wißkirchen, P. et al., Informationstechnik und Bürosysteme, Teubner, Stuttgart 1983

Kreuser, C., Friedrich, K., Organisations- und Bürokunde für die Verwaltung, 9. Aufl., Maximilian-Verlag, Herford 1983

Krönert, G., Genormte Austauschformate für Dokumente, in: Informatik Spektrum 11(1988)2, S. 71ff.

Kromrey, H., Empirische Sozialforschung, UTB Leske, Opladen 1980

Krüger, W., 1, Aufgabenanalyse: Renaissance einer Organisationstechnik, in: Zeitschrift für Organisation 50(1981)4, S. 185-198

Krüger, W., 2, Organisation der Unternehmung, Kohlhammer, Stuttgart Berlin et al. 1984

Kubicek, H., Humanisierung des DV-Gestützten Büros durch partizipative Systemgestaltung, in: Angewandte Informatik 20(1978)8, S. 331-342

Lazak, D., Konzeptions-Strategie künftiger Kommunikationssysteme: Strukturen und Möglichkeiten breitband-integrierter, multifunktionaler Workstations, in: Online GmbH (Hrsg.), Online '85, Proceedings 8. Europäische Kongreßmesse für Technische Kommunikation, 11.-14.2.1985 in Düsseldorf, Velbert 1985

Lee, A., Lochovsky, F.H., User interface design, in: Tsichritzis, D. (Hrsg.), Office Automation, Springer, Berlin Heidelberg New York Tokyo 1985

Luft, A.L., Zur Bedeutung von Modellen und Modellierungsschritten in der Softwaretechnik, in: Angewandte Informatik 26(1984)5, S. 189-196

Mambrey, P., Oppermann, R., Benutzerbeteiligung bei der Systementwicklung - Einschätzung der Möglichkeiten durch Experten, in: Angewandte Informatik 27(1985)9, S. 111-119

Meffert, H., Informationssysteme - Grundbegriffe der EDV und Systemanalyse, Mohr, Tübingen 1975

Mertens, P., Industrielle Datenverarbeitung, Bd. 1, 4. Aufl., Gabler, 1982

Mertens, P., Allgeyer, K., Künstliche Intelligenz in der Betriebswirtschaft, in: Zeitschrift für Betriebswirtschaft 53(1983)7, S. 686-709

Mertens, P., Hofmann, J., Aktionsorientierte Datenverarbeitung, in: Informatik-Spektrum (1986)9, S. 323-333

Mertens, P., Schrammel, D., Betriebliche Dokumentation und Information, 2. Aufl., Hain, Meisenheim am Glan 1977

Meyer, R., Integration der Informationsverarbeitung im Büro, Verlag J. Eul, Bergisch Gladbach Köln 1986

Mokler, A., Zur Realisierung eigenintelligenter und integrierter Büroinformationssysteme, in: Angewandte Informatik 21(1979)12, S. 542-549

Morton, M.S.S., Management information systems, Division of research, Harvard University, Boston 1971

Müller-Pleuss, J.H., Vordruckgestaltung und Belegfluß, in: Grochla, E. (Hrsg.), Handwörterbuch der Organisation, 2. Aufl., Poeschel, Stuttgart 1980

Newman, W., Office models and office systems design, in: Naffah, N. (Hrsg.), Integrated office systems - Burotics, North-Holland, Amsterdam New York Oxford 1980

Nolan, R.L., Managing the crisis in data processing, in: Harvard Business Review 57(1979)2, S. 115-126

Norsk Data (Hrsg.), Produktbeschreibung NOTIS, o.O. 1985

Österle, H., 1, Entwurf betrieblicher Informationssysteme, Hanser, München Wien 1981

Österle, H., 2, Management und Informatik - Innovationsimpulse für private und öffentliche Betriebe, in: Nastansky, L., Österle, H., Vertiefungsrichtung Wirtschaftsinformatik an der Hochschule St. Gallen, Arbeitsberichte der Wirtschaftsinformatik, St. Gallen 1986

Österle, H., Brenner, W., Integration durch Synonymerkennung, Arbeitsbericht SEBIS-Projekt 28-86, St. Gallen 1986

Pfyffer, H.-K., ISDN-Dienstintegrierte Digitalnetze, in: Technische Mitteilungen PTT 63(1985)1, S. 2-8

Philips (Philips Data Systems) (Hrsg.), Produktbeschreibung Bürosystem 3000, Siegen o.J.

Picot, A., Neue Techniken der Bürokommunikation in wirtschaftlicher und organisatorischer Sicht, in: Proceedings 1. Europäischer Kongreß über Büro-Systeme & InformationsManagement, CW-Publikationen, München 1982

Picot, A., Anders, W., 1, Telekommunikationsnetze als Infrastruktur neuerer Entwicklungen der geschäftlichen Kommunikation, in: WiSt 12(1983)4, S. 183-189

Picot, A., Anders, W., 2, Telekommunikationsdienste für den Geschäftsbereich, in: WiSt 12(1983)6, S. 275-281

Picot, A., Reichwald, R., Bürokommunikation - Leitsätze für den Anwender, 2. Aufl., CW-Publikationen, München 1985

Rauch, W.D., Büro-Informations-Systeme, Böhlau, Wien Köln Graz 1982

Reichwald, R., Bürotätigkeiten in der öffentlichen Verwaltung und in der Privatwirtschaft im informationstechnischen Wandel - Rationalisierungschancen durch neue Kommunikationstechnik, in: Krückeberg, F. et al. (Hrsg.), Bürotätigkeit in der öffentlichen Verwaltung und technischer Wandel, Verlag Recht, Verwaltung, Wirtschaft, Regensburg 1983

Reichwald, R., Hellmann, R., Aktuelle Entwicklungen in der Bürokommunikation, in: Nagel, K. (Hrsg.), Büro-Kommunikation heute und morgen, Oldenbourg, München Wien 1982

Reisinger, L., Betriebsinformatik, Manzsche Verlags- und Universitätsbuchhandlung, Wien 1978

Rosenbrock, K.H., Die Entwicklung der Dienste im ISDN, in: Kaiser, W. (Hrsg.), Integrierte Telekommunikation, Springer, Berlin Heidelberg New York Tokyo 1985

Rosenkranz, R., Büroorganisation, in: Grochla, E. (Hrsg.), Handwörterbuch der Organisation, 2. Aufl., Poeschel, Stuttgart 1980

Rüsche, T., Tasto, M., Integrierte Bürosysteme und ISDN, in: Kaiser, W. (Hrsg.), Integrierte Telekommunikation, Springer, Berlin Heidelberg New York Tokyo 1985

Sandelin, J., Siegman, J.H., Planning electronic office systems in a university setting: experiences at Stanford, in: Landau, R.M., Bair, J.H., Siegman, J.H. (Hrsg.), Emerging office systems, 2. Aufl., Ablex Publishing, Norwood (New Jersey) 1984

Scheer, A.-W., 1, Wirtschaftsinformatik, Informationssysteme im Industriebetrieb, Springer, Berlin Heidelberg 1988

Scheer, A.-W., 2, EDV-orientierte Betriebswirtschaftslehre, 2. Aufl., Springer, Berlin Heidelberg 1985

Scheer, A.-W. et al., Personal Computing - EDV-Einsatz in Fachabteilungen, CW-Publikationen, München 1984

Schellhaas, H., Schönecker, H.G., Kommunikationstechnik und Anwender, CW-Publikationen, München 1983

Schenke, K., Dienste der Deutschen Bundespost für die elektronische Übertragung von Text und Bild, in: Proceedings 3. Europäischer Kongreß über Büro-Systeme und Informations-Management, CW-Publikationen, München 1986

Schertler, W., Unternehmungsorganisation, 2. Aufl., Oldenbourg, München Wien 1982

Schiemenz, B., Automatisierung der Produktion, Vandenhoeck & Ruprecht, Göttingen 1980

Schmidt, B., Informatik und allgemeine Modelltheorie - eine Einführung, in: Angewandte Informatik 24(1982)1, S. 35-42

Schmidt, H., Betriebsorganisation und Informationswesen, Neue Wirtschafts-Briefe, Herne Berlin 1976

Schönecker, H., Nippa, M. (Hrsg.), Neue Methoden zur Gestaltung der Büroarbeit, FBO, Baden-Baden 1987

Schumann, M., Eingangspostbearbeitung in Bürokommunikationssystemen - Expertensystemansatz und Standardisierung, Springer, Berlin Heidelberg 1987

Schweitzer, M., Planung, in: Bea, F.X., Dichtl, E., Schweitzer, M. (Hrsg.), Allgemeine Betriebswirtschaftslehre, Bd. 2: Führung, UTB Fischer, Stuttgart New York 1983

Simon, H.A., The new science of management decision, Prentice-Hall, Englewood Cliffs 1977

Simons, G.L., Die Fünfte Computer-Generation, Hanser, München Wien 1986

Sirbu, M. et al., OAM: An office analysis methodology, in: Sutton, J. (Hrsg.), AFIPS (American Federation of Information Processing Societies) 1982 Office Automation conference digest, April 5-7, 1982, San Francisco, AFIPS Press, o.O. 1982

Smith, D.C. et al., Designing the Star user interface, in: Degano, P., Sandewall, E. (Hrsg.), Integrated interactive computing systems, North-Holland, Amsterdam New York Oxford 1983

Software AG (Hrsg.), Produktbeschreibung CON-NECT, Darmstadt 1985

Spargue, R.H., A framework for research on decision support systems, in: Fick, G., Spargue, R.H. (Hrsg.), Decision support systems, Pergamon Press, Oxford et al. 1980

Staerkle, R., Jaeger, F., Information und Kommunikation, in: Degelmann, A. (Hrsg.), Organisationsleiter-Handbuch, Moderne Industrie, München 1968

Synnott, W.R., Gruber, W.H., Information resource management, J. Wiley & sons, New York et al. 1981

Szyperski, N., 1, Analyse der Merkmale und Formen der Büroarbeit, in: Kosiol, E. (Hrsg.), Bürowirtschaftliche Forschung, Duncker & Humblot, Berlin 1961

Szyperski, N., 2, Informationsbedarf, in: Grochla, E. (Hrsg.), Handwörterbuch der Organisation, 2. Aufl., Poeschel, Stuttgart 1980

Szyperski, N. et al., Bürosysteme in der Entwicklung, Vieweg, Braunschweig Wiesbaden 1982

Uhlig, R.P., Farber, D.J., Bair, J.H., The office of the future, 4. Aufl., North-Holland, Amsterdam New York Oxford 1982

Ulrich, H., Unternehmungspolitik, Haupt, Bern Stuttgart 1978

Ulrich, H., Krieg, W., Das St. Galler Management Modell, in: Hentsch, D., Malik, F. (Hrsg.), Systemorientiertes Management, Haupt, Bern Stuttgart 1983

Ulrich, P., Hill, W., Wissenschaftstheoretische Grundlagen der Betriebswirtschaftslehre, in: Raffée, H., Abel, B. (Hrsg.), Wissenschaftstheoretische Grundfragen der Wirtschaftswissenschaften, Vahlen, München 1979

Wagoner, K.P., Ruprecht, M.M., Office automation: a management approach, J. Wiley & sons, New York et al. 1984

Widdel, G., Technologische Elemente der Büroautomation, Datakontext-Verlag,

Köln 1984

Wild, J., Zur Problematik der Nutzenbewertung von Informationen, in: Zeitschrift für Betriebswirtschaft 41(1971)5, S. 315-334

Wißkirchen, P., Bürokommunikation im Überblick, in: Wißkirchen, P. et al., Informationstechnik und Bürosysteme, Teubner, Stuttgart 1983

Wurch, G., Erfassung und Darstellung von Bürogeschehen, in: Wißkirchen, P. et al., Informationstechnik und Bürosysteme, Teubner, Stuttgart 1983

Zehnder, C.A., Informationssysteme und Datenbanken, 3. Aufl., Teubner, Stuttgart 1985

Zisman, M., 1, Use of production systems for modeling asynchronous, concurrent processes, in: Waterman, D., Hayes-Roth, F. (Hrsg.), Pattern-directed inference systems, Academic Press, New York San Francisco London 1978

Zisman, M., 2, Office automation: evolution or revolution?, in: Sloan management review 19(1978)3, S. 1-16

Zloof, M.M., QBE/OBE: A language for office and business automation, in: IEEE Computer 14(1981)5, S. 13-22